중국어 단어의 모든 것

중국어 단어의 모든 것_신HSK 완벽대비

2017년 2월 20일 초판 1쇄 인쇄
2017년 2월 25일 초판 1쇄 발행

지은이 송미경
발행인 손건
편집기획 김상배, 홍미경
마케팅 이언영
디자인 김선옥
제작 최승용
인쇄 선경프린테크

발행처 LanCom 랭컴
주소 서울시 영등포구 영신로 38길 17
등록번호 제 312-2006-00060호
전화 02) 2636-0895
팩스 02) 2636-0896
홈페이지 www.lancom.co.kr

ISBN 979-11-87168-91-1   13720

신**HSK** 완벽대비

중국어 단어의 모든 것

송미경 지음

LanCom
Language & Communication

머리말

대부분의 사전은 한정된 지면에 최대한의 정보를 수록하기 때문에 보기 편하고, 찾기 쉬운 점에서는 문제가 있습니다. 또한 상세한 어구 해설이나 문법 설명 등이 들어 있어도 초급자에게는 오히려 단어 그 자체의 의미를 알기 어려운 경우도 많습니다. 따라서 이 책은 신한어수평고시(신HSK) 준비뿐만 아니라, 중국어를 배우는 학습자를 위해 간편하게 공부할 수 있도록 다음과 같은 특징으로 엮었습니다.

이 책은 신한어수평고시[新汉语水平考试(신HSK), Chinese Proficiency Test] 어휘에 근거한 HSK 단어장으로, HSK1급 단어에서 HSK6급 단어에 이르기까지 모두 수록하여 한 권의 책으로 시험을 대비할 수 있습니다.

각 급수에서는 명사, 동사, 형용사, 부사, 기타(양사, 개사, 접속사, 수사, 조사 등) 품사별로 분류하여 중국어 단어를 단번에 활용할 수 있도록 하였습니다.

끝으로 이 책은 초보자는 물론 누구나 사전을 찾지 않고도 단어를 읽을 수 있도록 모든 단어에 중국어 병음을 표기해두었습니다. 또한, 복잡한 우리말 뜻풀이는 가능한 피하고 쉽고 빨리 암기할 수 있도록 간략하게 그 뜻을 표기해두었습니다.

차례

PART 1 **1급단어**	명사(名词)	10
	동사(动词)	14
	형용사(形容词)	17
	부사(副词)	18
	기타(其他)	18

PART 2 **2급단어**	명사(名词)	24
	동사(动词)	27
	형용사(形容词)	30
	부사(副词)	32
	기타(其他)	33

PART 3 **3급단어**	명사(名词)	36
	동사(动词)	43
	형용사(形容词)	48
	부사(副词)	51
	기타(其他)	52

PART 4 **4급단어**	명사(名词)	56
	동사(动词)	68
	형용사(形容词)	79
	부사(副词)	84
	기타(其他)	86

PART 5 **5급단어**	명사(名词)	92
	동사(动词)	120
	형용사(形容词)	145
	부사(副词)	156
	기타(其他)	159

PART 6 **6급단어**	명사(名词)	166
	동사(动词)	211
	형용사(形容词)	264
	부사(副词)	284
	기타(其他)	288

HSK란?

신HSK는 국제 중국어능력 표준화고시로서, 중국어를 제1언어로 삼고 있지 않는 응시생을 대상으로 생활, 학습, 업무 상에서 중국어를 운용하여 교류를 진행하는 능력을 중점적으로 평가한다. 해외의 실제 중국어교육 상황에 대한 충분한 조사와 이해를 바탕으로, 기존의 HSK의 장점을 흡수하고 최근 국제언어평가연구의 최신 성과를 참고하여 신한어수평고시(신HSK)를 내놓았다.

시험 구성

신HSK는 필기시험과 회화시험 두 부분으로 나뉘며, 필기시험과 회화시험은 상호 독립적이다.
신HSK 필기시험은 HSK1급, HSK2급, HSK3급, HSK4급, HSK5급, HSK6급으로 나뉘어져 있다.

시험 등급

- HSK1급
  간단한 중국어 어휘와 문장을 이해하고 기초회화를 사용할 수 있다.
- HSK2급
  중국어로 익숙한 일상생활에 대해 이야기할 수 있고, 중국인과 간단한 대화가 가능하며, 초급 중국어 수준에 해당한다.

- HSK3급

  중국어로 일상생활, 학습, 업무 등 기본적인 중국어회화가 가능하며, 중국 여행을 할 때 일어날 상황에 대처가 가능하다.
- HSK4급

  중국어로 다양한 분야의 회화 구사가 가능하며, 중국인과 유창하게 대화할 수 있다.
- HSK5급

  중국어 신문, 잡지 등을 읽을 수 있고, 중국어 영화 및 TV 프로그램을 감상할 수 있으며 중국어로 연설이 가능하다.
- HSK6급

  중국어로 되어 있는 정보를 듣거나 읽을 수 있으며, 자신의 생각을 글 또는 말로 유창하게 표현할 수 있다.

시험 용도

신HSK는 모국어가 중국어가 아닌 중국어 학습자를 대상으로 하며, 시험 용도는 아래와 같다.

- 국내외 대학교 신입생 모집, 수업 면제, 학점 수여에 대한 평가 기준
- 기관 및 업체의 직원 채용 및 승진에 대한 평가 기준
- 중국어 학습자가 자신의 중국어 응용 능력을 이해하고 더욱 향상시키는 데 참고 자료로 활용
- 중국어 관련 교육 부문, 연수 기구에서 교육 혹은 연수 효과를 평가하는 데 참고 자료로 활용

신 한 어 수 평 고 시

PART

1급단어

간단한 중국어 어휘와 문장을 이해하고
기초회화를 할 수 있는 수준

1급 명사 名词

☐	爸爸	[bàba]	아빠, 아버지
☐	杯子	[bēizi]	(음료의) 잔
☐	本	[běn]	책, 공책
☐	菜	[cài]	채소
☐	茶	[chá]	차, 차나무
☐	出租车	[chūzūchē]	택시
☐	电脑	[diànnǎo]	컴퓨터
☐	电视	[diànshì]	텔레비전
☐	电影	[diànyǐng]	영화
☐	东西	[dōngxi]	물건, 사물
☐	同学	[tóngxué]	동창, 학우, 동급생
☐	儿子	[érzi]	아들
☐	饭店	[fàndiàn]	호텔
☐	飞机	[fēijī]	비행기
☐	分钟	[fēnzhōng]	분
☐	工作	[gōngzuò]	직업, 일자리
☐	狗	[gǒu]	개
☐	号	[hào]	(차례나 순번) 번호

□	后面	[hòumiàn]	뒤, 뒤쪽
□	家	[jiā]	집
□	今天	[jīntiān]	오늘
□	块	[kuài]	덩어리
□	老师	[lǎoshī]	선생님, 스승
□	里	[lǐ]	속, 안
□	妈妈	[māma]	엄마, 어머니
□	猫	[māo]	고양이
□	米饭	[mǐfàn]	밥
□	明天	[míngtiān]	내일
□	名字	[míngzi]	성과 이름, 성명
□	女儿	[nǚ'ér]	딸
□	朋友	[péngyou]	친구, 벗
□	苹果	[píngguǒ]	사과
□	钱	[qián]	화폐, 돈
□	前面	[qiánmian]	앞
□	人	[rén]	사람, 인간
□	上	[shàng]	위
□	商店	[shāngdiàn]	상점, 판매점
□	上午	[shàngwǔ]	오전, 상오

1급

☐	时候	[shíhou]	때, 시각
☐	书	[shū]	책
☐	水	[shuǐ]	물
☐	水果	[shuǐguǒ]	과일
☐	岁	[suì]	(나이) 살, 세
☐	天气	[tiānqì]	날씨
☐	下	[xià]	밑, 아래
☐	先生	[xiānsheng]	선생님, 씨(성인에 대한 경칭)
☐	现在	[xiànzài]	지금, 현재
☐	小	[xiǎo]	나이 어린 사람
☐	小姐	[xiǎojiě]	아씨, 아가씨
☐	下午	[xiàwǔ]	오후
☐	星期	[xīngqī]	주(週), 주일
☐	学生	[xuésheng]	학생
☐	学校	[xuéxiào]	학교
☐	衣服	[yīfu]	옷, 의복
☐	医生	[yīshēng]	의사
☐	医院	[yīyuàn]	병원
☐	椅子	[yǐzi]	의자

check! 1□ 2□ 3□ 4□ 5□

□	月	[yuè]	달
□	中午	[zhōngwǔ]	정오
□	桌子	[zhuōzi]	탁자
□	字	[zì]	문자, 글자
□	昨天	[zuótiān]	어제

1급 동사 动词

☐	爱	[ài]	사랑하다
☐	吃	[chī]	먹다, 마시다
☐	打电话	[dǎdiànhuà]	전화를 걸다
☐	读	[dú]	글을 소리내어 읽다, 낭독하다
☐	对不起	[duìbuqǐ]	미안합니다, 죄송합니다
☐	喝	[hē]	마시다
☐	回	[huí]	되돌리다, 되돌아가다(오다)
☐	会	[huì]	모이다
☐	叫	[jiào]	외치다, 고함치다
☐	开	[kāi]	열다, 틀다
☐	看	[kàn]	보다, 구경하다
☐	看见	[kànjiàn]	보다, 보이다
☐	来	[lái]	오다
☐	买	[mǎi]	사다, 매입하다
☐	没有	[méiyǒu]	없다
☐	能	[néng]	~할 수 있다
☐	请	[qǐng]	청하다, 부탁하다

check! 1☐ 2☐ 3☐ 4☐ 5☐

☐	去	[qù]	가다
☐	热	[rè]	가열하다, 데우다
☐	认识	[rènshi]	알다, 인식하다
☐	上	[shàng]	오르다, 타다
☐	少	[shǎo]	모자라다, 결핍되다
☐	是	[shì]	옳다고 여기다, 긍정하다
☐	书	[shū]	기록하다, 쓰다
☐	睡觉	[shuìjiào]	(잠을) 자다
☐	说	[shuō]	말하다, 이야기하다
☐	听	[tīng]	듣다
☐	下	[xià]	(일 등을) 마치다, (비가) 내리다
☐	想	[xiǎng]	생각하다
☐	小	[xiǎo]	경시하다, 얕보다
☐	下雨	[xiàyǔ]	비가 오다
☐	写	[xiě]	글씨를 쓰다
☐	谢谢	[xièxie]	감사합니다, 고맙습니다
☐	喜欢	[xǐhuan]	좋아하다
☐	学习	[xuéxí]	학습하다, 공부하다
☐	有	[yǒu]	있다

☐	在	[zài]	존재하다
☐	再见	[zàijiàn]	또 뵙겠습니다
☐	住	[zhù]	숙박하다, 살다
☐	坐	[zuò]	앉다
☐	做	[zuò]	하다, 종사하다

1급 형용사 形容词

☐	大	[dà]	크다, 넓다
☐	多	[duō]	(수량이) 많다
☐	高兴	[gāoxìng]	기쁘다, 즐겁다
☐	好	[hǎo]	좋다, 훌륭하다
☐	和	[hé]	조화롭다, 화목하다
☐	冷	[lěng]	춥다, 차다, 시리다
☐	漂亮	[piàoliang]	예쁘다, 아름답다
☐	热	[rè]	덥다, 뜨겁다
☐	少	[shǎo]	적다
☐	是	[shì]	맞다, 옳다
☐	太	[tài]	최고의
☐	小	[xiǎo]	작다, 적다, 어리다

1급: 부사 副词

☐	不	[bù]	(동사, 형용사, 부사 앞에서) 부정을 나타냄
☐	都	[dōu]	모두, 다, 전부
☐	多	[duō]	얼마나, 의문문에 쓰여 정도를 나타냄
☐	多少	[duōshǎo]	얼마간, 약간, 다소
☐	很	[hěn]	매우, 대단히, 아주

1급: 기타 其他

양사

☐	个	[gè]	개, 사람, 명
☐	年	[nián]	년, 해
☐	些	[xiē]	조금, 약간(적은 수량)
☐	一点儿	[yìdiǎnr]	조금(불확정적인 수량)

check! 1□ 2□ 3□ 4□ 5□

수사

一	[yī]	1, 일, 하나
二	[èr]	2, 이, 둘
三	[sān]	3, 삼, 셋
四	[sì]	4, 사, 넷
五	[wǔ]	5, 오, 다섯
六	[liù]	6, 육, 여섯
七	[qī]	7, 칠, 일곱
八	[bā]	8, 팔, 여덟
九	[jiǔ]	9, 구, 아홉
十	[shí]	10, 십, 열
几	[jǐ]	몇(숫자가 많지 않을 때)

대명사

哪	[nǎ]	무엇, 어느 것
那	[nà]	그, 저
哪儿	[nǎr]	어디, 어느 곳
你	[nǐ]	너, 자네, 당신
谁	[shéi]	누, 누구
什么	[shénme]	의문을 나타냄

1급

☐	他	[tā]	그, 그 사람, 그이
☐	她	[tā]	그녀, 그 여자
☐	我	[wǒ]	나, 저
☐	我们	[wǒmen]	우리(들)
☐	怎么	[zěnme]	어떻게, 어째서, 왜
☐	这	[zhè]	이것

감탄사

☐	喂	[wéi]	(전화상에서) 여보세요

조사

☐	的	[de]	관형어와 중심어 사이가 종속 관계임을 나타냄
☐	了	[le]	동작 또는 변화가 이미 완료되었음을 나타냄
☐	吗	[ma]	문장 끝에 쓰여 의문의 어기를 나타냄
☐	呢	[ne]	서술문 뒤에 쓰여 동작이나 상황이 지속됨을 나타냄

check! 1□ 2□ 3□ 4□ 5□

□	**不客气**	[búkèqi]	사양하지 않다, 체면 차리지 않다
□	**没关系**	[méiguānxi]	괜찮다, 상관없다, 문제없다
□	**怎么样**	[zěnmeyàng]	어떻다, 어떠하다(주로 의문문으로 쓰임)

신 한 어 수 평 고 시

PART 2

2급 단어

중국어로 익숙한 일상생활에 대해 대화가
가능하며 초급 중국어 수준

2급 명사 名词

☐	报纸	[bàozhǐ]	신문
☐	宾馆	[bīnguǎn]	(규모가 큰) 호텔
☐	等	[děng]	등급
☐	弟弟	[dìdi]	아우, 친남동생
☐	房间	[fángjiān]	방
☐	服务员	[fúwùyuán]	(서비스업의) 종업원
☐	哥哥	[gēge]	형, 오빠
☐	公共汽车	[gōnggòngqìchē]	버스
☐	公司	[gōngsī]	회사, 직장
☐	孩子	[háizi]	애, 어린이
☐	火车站	[huǒchēzhàn]	기차역
☐	教室	[jiàoshì]	교실
☐	机场	[jīchǎng]	공항, 비행장
☐	鸡蛋	[jīdàn]	달걀
☐	姐姐	[jiějie]	누나, 언니
☐	咖啡	[kāfēi]	커피
☐	课	[kè]	수업, 강의
☐	路	[lù]	길, 도로

☐	**妹妹**	[mèimei]	여동생
☐	**门**	[mén]	(출)입구, 현관, 문
☐	**面条**	[miàntiáo]	국수
☐	**男**	[nán]	남자, 사내
☐	**牛奶**	[niúnǎi]	우유
☐	**女**	[nǚ]	여자, 여성
☐	**旁边**	[pángbiān]	옆, 곁, 근처
☐	**便宜**	[piányi]	공짜, 공것
☐	**票**	[piào]	표, 티켓, 증서
☐	**铅笔**	[qiānbǐ]	연필
☐	**妻子**	[qīzi]	아내
☐	**去年**	[qùnián]	작년
☐	**日**	[rì]	태양, 해
☐	**生日**	[shēngrì]	생일
☐	**身体**	[shēntǐ]	몸, 신체
☐	**时间**	[shíjiān]	시간
☐	**事情**	[shìqing]	일, 사건
☐	**手表**	[shǒubiǎo]	손목시계
☐	**手机**	[shǒujī]	휴대폰
☐	**题**	[tí]	제목

☐	外	[wài]	겉, 밖, 바깥
☐	晚上	[wǎnshang]	저녁
☐	问题	[wèntí]	문제
☐	小时	[xiǎoshí]	시간
☐	西瓜	[xīguā]	수박
☐	姓	[xìng]	성, 성씨
☐	希望	[xīwàng]	희망, 소망
☐	雪	[xuě]	눈
☐	羊肉	[yángròu]	양고기
☐	眼睛	[yǎnjing]	눈
☐	颜色	[yánsè]	색, 색깔
☐	药	[yào]	약, 약물
☐	意思	[yìsi]	의미, 뜻
☐	右边	[yòubian]	오른쪽, 우측
☐	鱼	[yú]	물고기
☐	运动	[yùndòng]	운동
☐	早上	[zǎoshang]	아침
☐	丈夫	[zhàngfu]	남편
☐	左边	[zuǒbian]	왼쪽, 좌측

2급 동사 动词

□	帮助	[bāngzhù]	돕다, 원조하다
□	比	[bǐ]	비교하다, 재다
□	别	[bié]	이별하다, 헤어지다
□	唱歌	[chànggē]	노래 부르다
□	出	[chū]	나가다, 나오다
□	穿	[chuān]	(옷·신발 등을) 입다, 신다
□	次	[cì]	다음 가다, 버금가다
□	从	[cóng]	따르다, 좇다
□	错	[cuò]	틀리다, 맞지 않다
□	打篮球	[dǎlánqiú]	농구를 하다
□	到	[dào]	도달하다, 도착하다
□	懂	[dǒng]	알다, 이해하다
□	告诉	[gàosu]	말하다, 알리다
□	给	[gěi]	주다
□	介绍	[jièshào]	소개하다
□	进	[jìn]	(밖에서 안으로) 들다
□	觉得	[juéde]	~라고 여기다(생각하다)
□	开始	[kāishǐ]	시작되다, 개시하다

2급

☐	考试	[kǎoshì]	시험을 치다
☐	可以	[kěyǐ]	~할 수 있다, 가능하다
☐	旅游	[lǚyóu]	여행하다, 관광하다
☐	卖	[mài]	팔다, 판매하다
☐	跑步	[pǎobù]	달리다, 구보하다
☐	起床	[qǐchuáng]	(잠자리에서) 일어나다
☐	让	[ràng]	사양하다, 양보하다
☐	上班	[shàngbān]	출근하다
☐	生病	[shēngbìng]	병이 나다, 병에 걸리다
☐	说话	[shuōhuà]	말하다, 이야기하다
☐	送	[sòng]	배웅하다, 데려다 주다
☐	跳舞	[tiàowǔ]	춤을 추다
☐	踢足球	[tīzúqiú]	축구를 하다
☐	玩	[wán]	(손에 가지고) 놀다, 장난하다
☐	往	[wǎng]	(~로) 향하다
☐	问	[wèn]	묻다, 질문하다
☐	洗	[xǐ]	씻다, 빨다
☐	笑	[xiào]	웃다, 웃음을 짓다
☐	休息	[xiūxi]	휴식하다, 쉬다

check! 1□ 2□ 3□ 4□ 5□

要	[yào]	얻기를 희망하다, 가지다
游泳	[yóuyǒng]	수영하다, 헤엄치다
找	[zhǎo]	찾다, 구하다
知道	[zhīdào]	알다, 이해하다
准备	[zhǔnbèi]	준비하다
走	[zǒu]	걷다

2급 형용사 形容词

☐	白	[bái]	하얗다, 희다
☐	长	[cháng]	(길이가) 길다
☐	对	[duì]	맞다, 옳다
☐	高	[gāo]	(높이가) 높다
☐	贵	[guì]	(가격이나 가치가) 높다, 비싸다, 귀하다
☐	好吃	[hǎochī]	맛있다, 맛나다
☐	黑	[hēi]	검다, 까맣다
☐	红	[hóng]	붉다, 빨갛다
☐	近	[jìn]	가깝다, 짧다
☐	可能	[kěnéng]	가능하다
☐	快	[kuài]	빠르다
☐	快乐	[kuàilè]	즐겁다, 유쾌하다
☐	累	[lèi]	지치다, 피곤하다
☐	慢	[màn]	느리다
☐	忙	[máng]	바쁘다
☐	便宜	[piányi]	(값이) 싸다
☐	晴	[qíng]	하늘이 맑다

新	[xīn]	새롭다
阴	[yīn]	흐리다
远	[yuǎn]	멀다

2급 부사 副词

□	非常	[fēicháng]	대단히, 매우, 아주
□	还	[hái]	여전히, 아직도
□	就	[jiù]	곧, 즉시, 바로
□	为什么	[wèishénme]	왜, 무엇 때문에, 어째서
□	新	[xīn]	방금, 새로이, 갓
□	也	[yě]	~도
□	已经	[yǐjing]	이미, 벌써
□	一起	[yìqǐ]	같이, 함께
□	一下	[yíxià]	단시간에, 갑자기
□	再	[zài]	재차, 또
□	真	[zhēn]	확실히, 참으로
□	正在	[zhèngzài]	지금(한창) ~하고 있다
□	最	[zuì]	가장, 아주, 매우

2급 기타 其他

개사

| 对 | [duì] | ~에 대해(서), ~에 대하여 |
| 离 | [lí] | ~에서, ~로부터, ~까지 |

접속사

但是	[dànshì]	그러나, 그렇지만
虽然	[suīrán]	비록 ~하지만, 설령 ~일지라도
所以	[suǒyǐ]	그래서, 그러므로, 때문에
因为	[yīnwèi]	왜냐하면

수사

百	[bǎi]	100, 백
第一	[dìyī]	제1, 최초, 첫(번)째
两	[liǎng]	둘(주로 짝을 이루는 사물·양사)
零	[líng]	영, 제로
千	[qiān]	1,000, 천

대명사

大家	[dàjiā]	모두, 다들
每	[měi]	매, 각, ~마다
您	[nín]	당신, 선생님, 귀하
它	[tā]	그, 저, 그것, 저것(사람 이외의 것)

조사

吧	[ba]	문장 끝에서 상의, 제의, 청유, 기대, 명령을 나타냄
得	[de]	동사 뒤에 쓰여 가능을 나타냄(부정을 할 때는 不得)
过	[guo]	동사 뒤에 쓰여 동작의 완료를 나타냄
着	[zhe]	~하고 있다, ~하고 있는 중이다

PART 3

3급 단어

중국어로 일상생활, 학습, 업무 등 기본적인
중국어 회화가 가능한 수준

3급 명사 名词

☐	阿姨	[āyí]	아주머니, 아줌마
☐	班	[bān]	조, 그룹, 반
☐	办法	[bànfǎ]	방법, 수단, 방식
☐	办公室	[bàngōngshì]	사무실
☐	北方	[běifāng]	북방, 북쪽
☐	笔记本	[bǐjìběn]	노트, 수첩
☐	冰箱	[bīngxiāng]	아이스박스
☐	比赛	[bǐsài]	경기, 시합
☐	鼻子	[bízi]	코
☐	才	[cái]	재능, 재주, 능력
☐	菜单	[càidān]	메뉴, 식단, 차림표
☐	草	[cǎo]	풀
☐	层	[céng]	층(중첩된 것)
☐	超市	[chāoshì]	슈퍼마켓
☐	成绩	[chéngjì]	성적, 성과
☐	城市	[chéngshì]	도시
☐	衬衫	[chènshān]	와이셔츠, 셔츠
☐	船	[chuán]	배, 선박

check! 1□ 2□ 3□ 4□ 5□

□ 春	[chūn]	봄, 봄철
□ 词典	[cídiǎn]	사전
□ 带	[dài]	띠, 벨트
□ 蛋糕	[dàngāo]	케이크, 카스텔라
□ 灯	[dēng]	등
□ 电梯	[diàntī]	엘리베이터
□ 电子邮件	[diànzǐyóujiàn]	전자우편, 이메일
□ 地方	[dìfang]	부분, 점
□ 地铁	[dìtiě]	지하철
□ 地图	[dìtú]	지도
□ 东	[dōng]	동쪽, 동방
□ 冬	[dōng]	겨울, 겨울철
□ 动物	[dòngwù]	동물
□ 耳朵	[ěrduo]	귀
□ 刚才	[gāngcái]	지금 막, 방금,
□ 感冒	[gǎnmào]	감기
□ 跟	[gēn]	발뒤꿈치
□ 根据	[gēnjù]	근거
□ 个子	[gèzi]	(사람의) 키, 체격
□ 公斤	[gōngjīn]	킬로그램(kg)

	公园	[gōngyuán]	공원
☐	关系	[guānxi]	관계, 연줄
☐	国家	[guójiā]	국가, 나라
☐	故事	[gùshi]	이야기, 옛날이야기
☐	黑板	[hēibǎn]	칠판
☐	后来	[hòulái]	그 후, 그 다음
☐	花	[huā]	꽃
☐	坏	[huài]	못된 수작, 비열한 술책, 나쁜 생각
☐	环境	[huánjìng]	환경
☐	会议	[huìyì]	회의
☐	护照	[hùzhào]	여권
☐	极	[jí]	정점, 꼭대기
☐	角	[jiǎo]	뿔
☐	脚	[jiǎo]	발
☐	街道	[jiēdào]	거리, 길거리
☐	节目	[jiémù]	프로그램
☐	节日	[jiérì]	(국경일 따위) 기념일, 경축일
☐	机会	[jīhuì]	기회, 시기
☐	季节	[jìjié]	계절, 철

☐	经常	[jīngcháng]	평소, 일상
☐	经理	[jīnglǐ]	경영관리 책임자, 지배인
☐	句子	[jùzi]	문장
☐	客人	[kèrén]	손님, 방문객
☐	口	[kǒu]	입
☐	筷子	[kuàizi]	젓가락
☐	裤子	[kùzi]	바지
☐	脸	[liǎn]	얼굴
☐	聊天	[liáotiān]	잡담, 채팅
☐	邻居	[línjū]	이웃집, 이웃사람
☐	历史	[lìshǐ]	역사
☐	礼物	[lǐwù]	선물, 예물
☐	楼	[lóu]	(2층 이상의) 다층 건물
☐	马	[mǎ]	말
☐	帽子	[màozi]	모자
☐	米	[mǐ]	쌀
☐	面包	[miànbāo]	빵
☐	奶奶	[nǎinai]	할머니
☐	南	[nán]	남, 남쪽
☐	年级	[niánjí]	학년

3급

☐	鸟	[niǎo]	새, 날짐승
☐	盘子	[pánzi]	쟁반
☐	啤酒	[píjiǔ]	맥주
☐	瓶子	[píngzi]	병
☐	皮鞋	[píxié]	가죽구두
☐	秋	[qiū]	가을
☐	伞	[sǎn]	우산
☐	生气	[shēngqì]	생기, 생명력, 활력
☐	声音	[shēngyīn]	소리, 목소리
☐	世界	[shìjiè]	세계
☐	树	[shù]	나무, 수목
☐	水平	[shuǐpíng]	수평
☐	叔叔	[shūshu]	숙부, 작은아버지, 삼촌
☐	数学	[shùxué]	수학
☐	司机	[sījī]	기사, 운전사
☐	太阳	[tàiyáng]	태양, 해
☐	条	[tiáo]	가늘고 긴 것, 폭이 좁고 긴 것
☐	体育	[tǐyù]	체육
☐	同事	[tóngshì]	동료

☐	头发	[tóufa]	머리카락
☐	腿	[tuǐ]	다리
☐	图书馆	[túshūguǎn]	도서관
☐	碗	[wǎn]	사발, 공기, 그릇
☐	位	[wèi]	자리, 곳, 위치
☐	文化	[wénhuà]	문화
☐	西	[xī]	서쪽
☐	夏	[xià]	여름
☐	先	[xiān]	원래, 처음
☐	香蕉	[xiāngjiāo]	바나나
☐	校长	[xiàozhǎng]	학교장
☐	习惯	[xíguàn]	버릇, 습관, 풍습
☐	行李箱	[xínglǐxiāng]	트렁크, 여행용 가방
☐	新闻	[xīnwén]	(매스컴의) 뉴스
☐	信用卡	[xìnyòngkǎ]	신용카드
☐	熊猫	[xióngmāo]	팬더
☐	洗手间	[xǐshǒujiān]	화장실
☐	爷爷	[yéye]	할아버지, 조부
☐	一边	[yìbiān]	한쪽, 한 편, 한 면
☐	一会儿	[yíhuìr]	짧은 시간, 잠깐 동안

☐	银行	[yínháng]	은행
☐	饮料	[yǐnliào]	음료
☐	音乐	[yīnyuè]	음악
☐	以前	[yǐqián]	과거, 이전
☐	游戏	[yóuxì]	게임
☐	月亮	[yuèliang]	달
☐	照片	[zhàopiàn]	사진
☐	照相机	[zhàoxiàngjī]	카메라
☐	种	[zhǒng]	종자, 열매, 씨(앗)
☐	中间	[zhōngjiān]	중간
☐	周末	[zhōumò]	주말
☐	自行车	[zìxíngchē]	자전거
☐	嘴	[zuǐ]	입의 속칭
☐	最后	[zuìhòu]	최후, 끝
☐	最近	[zuìjìn]	최근, 요즈음
☐	作业	[zuòyè]	숙제, 과제

3급 동사 动词

□	爱好	[àihào]	애호하다, ~하기를 즐기다
□	搬	[bān]	(크거나 무거운 것을) 옮기다, 운반하다
□	帮忙	[bāngmáng]	일을 돕다, 도움을 주다
□	包	[bāo]	(얇은 것으로) 싸다, 싸매다
□	被	[bèi]	덮다
□	变化	[biànhuà]	변화하다, 달라지다
□	比较	[bǐjiào]	비교하다
□	参加	[cānjiā]	참가하다, 가입하다
□	迟到	[chídào]	지각하다
□	担心	[dānxīn]	염려하다, 걱정하다
□	打扫	[dǎsǎo]	청소하다
□	打算	[dǎsuan]	~할 생각이다, ~하려고 하다
□	锻炼	[duànliàn]	단조하다, 제련하다
□	饿	[è]	굶주리다
□	发	[fā]	보내다, 건네주다
□	放	[fàng]	(자유롭게) 놓아주다, 풀어주다

3급

☐	放心	[fàngxīn]	마음을 놓다, 안심하다
☐	发烧	[fāshāo]	열이 나다
☐	发现	[fāxiàn]	발견하다, 알아차리다
☐	分	[fēn]	나누다, 가르다
☐	复习	[fùxí]	복습하다
☐	刮风	[guāfēng]	바람이 불다
☐	关	[guān]	닫다, 덮다
☐	关心	[guānxīn]	관심을 갖다
☐	过	[guò]	가다, 건너다
☐	过去	[guòqù]	지나가다
☐	害怕	[hàipà]	겁내다, 두려워하다
☐	画	[huà]	(그림을) 그리다
☐	还	[huán]	돌아가다, 돌아오다
☐	换	[huàn]	교환하다
☐	欢迎	[huānyíng]	환영하다
☐	回答	[huídá]	대답하다, 회답하다
☐	检查	[jiǎnchá]	검사하다, 점검하다
☐	讲	[jiǎng]	말하다, 이야기하다
☐	见面	[jiànmiàn]	만나다, 대면하다
☐	教	[jiāo]	가르치다

check! 1□ 2□ 3□ 4□ 5□

	记得	[jìde]	기억하고 있다, 잊지 않고 있다
□	接	[jiē]	잇다, 이어지다
□	借	[jiè]	빌리다
□	结婚	[jiéhūn]	결혼하다
□	解决	[jiějué]	해결하다, 풀다
□	结束	[jiéshù]	끝나다, 마치다
□	经过	[jīngguò]	경유하다, 지나다
□	决定	[juédìng]	결정하다
□	刻	[kè]	새기다, 조각하다
□	渴	[kě]	목마르게 하다
□	空调	[kōngtiáo]	(에어컨으로) 공기를 조절하다
□	哭	[kū]	(소리내어) 울다
□	练习	[liànxí]	연습하다, 익히다
□	了解	[liǎojiě]	자세하게 알다, 이해하다
□	离开	[líkāi]	떠나다, 헤어지다
□	留学	[liúxué]	유학하다
□	明白	[míngbai]	알다, 이해하다
□	拿	[ná]	(손으로) 쥐다, 잡다
□	努力	[nǔlì]	노력하다, 힘쓰다

☐	爬山	[páshān]	산을 오르다, 등산하다
☐	骑	[qí]	(동물이나 자전거 등에) 타다
☐	起飞	[qǐfēi]	(비행기 등이) 이륙하다
☐	起来	[qǐlai]	(잠자리에서) 일어나다
☐	请假	[qǐngjià]	(휴가·조퇴 등을) 신청하다
☐	认为	[rènwéi]	여기다, 생각하다
☐	上网	[shàngwǎng]	인터넷을 하다
☐	生气	[shēngqì]	화내다, 성나다
☐	试	[shì]	시험하다, 시행하다
☐	刷牙	[shuāyá]	이를 닦다, 양치질하다
☐	提高	[tígāo]	향상시키다, 끌어올리다
☐	同事	[tóngshì]	함께 일하다
☐	同意	[tóngyì]	동의하다, 찬성하다
☐	完成	[wánchéng]	완성하다
☐	忘记	[wàngjì]	(지난 일을) 잊어버리다
☐	为	[wèi]	돕다, 보위하다, 보좌하다
☐	先	[xiān]	앞서 가다
☐	像	[xiàng]	같다, 비슷하다
☐	相信	[xiāngxìn]	믿다, 신뢰하다
☐	小心	[xiǎoxīn]	조심하다, 주의하다

☐	洗澡	[xǐzǎo]	목욕하다, 몸을 씻다
☐	选择	[xuǎnzé]	고르다, 선택하다
☐	需要	[xūyào]	필요하다, 요구되다
☐	要求	[yāoqiú]	요구하다, 요망하다
☐	应该	[yīnggāi]	~해야 한다
☐	影响	[yǐngxiǎng]	영향을 주다
☐	用	[yòng]	쓰다, 사용하다
☐	游戏	[yóuxì]	놀다, 장난치다
☐	愿意	[yuànyì]	동의하다, 달가워하다
☐	遇到	[yùdào]	만나다, 마주치다
☐	越	[yuè]	넘다, 뛰어넘다
☐	站	[zhàn]	서다, 바로 서다
☐	张	[zhāng]	열다, 펼치다
☐	长	[zhǎng]	자라다
☐	照顾	[zhàogù]	보살피다, 돌보다
☐	着急	[zháojí]	조급해하다, 안달하다
☐	只有	[zhǐyǒu]	~만 있다, ~밖에 없다
☐	注意	[zhùyì]	주의하다, 조심하다

3급 형용사 形容词

☐	矮	[ǎi]	(사람의 키가) 작다
☐	安静	[ānjìng]	조용하다, 잠잠하다
☐	饱	[bǎo]	배부르다
☐	差	[chà]	나쁘다, 표준에 못 미치다
☐	聪明	[cōngming]	똑똑하다, 총명하다
☐	当然	[dāngrán]	당연하다, 물론이다
☐	短	[duǎn]	짧다
☐	饿	[è]	배고프다
☐	方便	[fāngbiàn]	편리하다
☐	附近	[fùjìn]	가까운, 인접한
☐	干净	[gānjìng]	깨끗하다, 청결하다
☐	感兴趣	[gǎnxìngqù]	관심이 있다, 흥미가 있다
☐	坏	[huài]	나쁘다
☐	简单	[jiǎndān]	간단하다, 단순하다
☐	健康	[jiànkāng]	건강하다
☐	久	[jiǔ]	오래다, 시간이 길다
☐	旧	[jiù]	헐다, 낡다, 오래 되다
☐	渴	[kě]	목이 타다, 목마르다

check! 1□ 2□ 3□ 4□ 5□

	可爱	[kě'ài]	사랑스럽다, 귀엽다
□	蓝	[lán]	남색의, 남빛의
□	老	[lǎo]	늙다
□	绿	[lǜ]	푸르다
□	满意	[mǎnyì]	만족하다, 만족스럽다
□	难	[nán]	어렵다, 힘들다
□	难过	[nánguò]	고통스럽다, 견디기 어렵다
□	年轻	[niánqīng]	젊다, 어리다
□	胖	[pàng]	(몸이) 뚱뚱하다
□	奇怪	[qíguài]	기이하다, 이상하다
□	清楚	[qīngchu]	분명하다, 알기 쉽다
□	认真	[rènzhēn]	진지하다, 착실하다
□	热情	[rèqíng]	열정적이다, 친절하다
□	容易	[róngyì]	쉽다, 용이하다
□	瘦	[shòu]	마르다, 여위다
□	双	[shuāng]	두 개의, 쌍의, 양쪽의
□	舒服	[shūfu]	(몸·마음이) 편안하다
□	特别	[tèbié]	특별하다, 별다르다
□	疼	[téng]	아프다
□	甜	[tián]	달다, 달콤하다

☐	新鲜	[xīnxiān]	신선하다, 싱싱하다
☐	一般	[yìbān]	보통이다, 일반적이다
☐	一样	[yíyàng]	같다, 동일하다
☐	有名	[yǒumíng]	유명하다
☐	元	[yuán]	시작의, 처음의, 첫째의
☐	长	[zhǎng]	나이가 많다
☐	张	[zhāng]	팽팽하다, 긴장하다
☐	只	[zhī]	단수의, 단 하나의
☐	重要	[zhòngyào]	중요하다
☐	主要	[zhǔyào]	주요한, 주된
☐	最后	[zuìhòu]	최후의, 맨 마지막의

3급 부사 副词

☐	必须	[bìxū]	반드시 ~해야 한다
☐	多么	[duōme]	얼마나
☐	更	[gèng]	더욱, 더, 훨씬
☐	还是	[háishi]	여전히, 아직도
☐	或者	[huòzhě]	아마, 어쩌면, 혹시
☐	几乎	[jīhū]	거의, 거의 모두
☐	马上	[mǎshàng]	곧, 즉시, 바로
☐	其实	[qíshí]	기실, 사실
☐	一定	[yídìng]	반드시, 필히, 꼭
☐	一共	[yígòng]	모두, 전부, 합계
☐	一直	[yìzhí]	계속, 줄곧
☐	又	[yòu]	또, 다시, 거듭
☐	只	[zhǐ]	단지, 다만, 오직
☐	终于	[zhōngyú]	마침내, 결국, 끝내
☐	主要	[zhǔyào]	주로, 대부분
☐	总是	[zǒngshì]	늘, 줄곧, 언제나

3급 : 기타 其他

양사

段	[duàn]	단락, 토막(사물의 한 부분을 나타냄)
辆	[liàng]	대, 량(차량을 세는 단위)

개사

把	[bǎ]	~으로, ~을(를) 가지고
除了	[chúle]	~을(를) 제외하고
根据	[gēnjù]	~에 의거하여
关于	[guānyú]	~에 관해서(관하여)
为了	[wèile]	~을(를) 하기 위하여
向	[xiàng]	~(으)로, ~에게, ~을(를) 향하여

접속사

不但	[búdàn]	~뿐만 아니라
而且	[érqiě]	게다가, 뿐만 아니라, 또한
然后	[ránhòu]	그런 후에, 그 다음에
如果	[rúguǒ]	만약, 만일

수사

- **万** [wàn] 10,000, 만

대명사

- **别人** [biéren] (일반적인) 남, 타인
- **其他** [qítā] 기타, 다른 사람(사물)
- **自己** [zìjǐ] 자기, 자신, 스스로

조사

- **啊** [a] 문장 끝에 쓰여 긍정을 나타냄
- **地** [de] 관형어로 쓰이는 단어나 구 뒤에 쓰여, 그 단어나 구가 동사 또는 형용사와 같은 중심어를 수식하고 있음을 나타냄

신 한 어 수 평 고 시

PART 4

4급 단어

중국어로 다양한 분야의 회화 구사가 가능하며,
중국인과 유창하게 대화할 수 있는 수준

4급 명사 名词

☐	爱情	[àiqíng]	애정
☐	百分之	[bǎifēnzhī]	퍼센트
☐	棒	[bàng]	몽둥이, 방망이
☐	包子	[bāozi]	(소가 든) 찐빵
☐	表格	[biǎogé]	표, 도표, 서식
☐	标准	[biāozhǔn]	표준, 기준, 잣대
☐	饼干	[bǐnggān]	비스킷, 과자
☐	博士	[bóshì]	박사
☐	部分	[bùfen]	부분, 일부분
☐	材料	[cáiliào]	재료, 원료
☐	餐厅	[cāntīng]	식당
☐	厕所	[cèsuǒ]	변소, 뒷간
☐	场	[chǎng]	장소, 곳
☐	长城	[Chángchéng]	만리장성의 줄임말
☐	窗户	[chuānghu]	창문, 창
☐	传真	[chuánzhēn]	팩시밀리, 팩스
☐	厨房	[chúfáng]	주방, 부엌
☐	词语	[cíyǔ]	단어와 어구, 어휘

check! 1☐ 2☐ 3☐ 4☐ 5☐

☐	错误	[cuòwù]	착오, 잘못
☐	答案	[dá'àn]	답안, 해답
☐	大夫	[dàifu]	의사
☐	当	[dāng]	꼭대기, 끝, 꼭지
☐	当时	[dāngshí]	당시, 그 때
☐	刀	[dāo]	칼
☐	到处	[dàochù]	도처, 곳곳, 이르는 곳
☐	导游	[dǎoyóu]	관광 안내원, 가이드
☐	大使馆	[dàshǐguǎn]	대사관
☐	登机牌	[dēngjīpái]	탑승권
☐	底	[dǐ]	밑, 바닥
☐	地点	[dìdiǎn]	지점, 위치
☐	地球	[dìqiú]	지구
☐	地址	[dìzhǐ]	소재지, 주소
☐	动作	[dòngzuò]	동작, 행동
☐	短信	[duǎnxìn]	짧은 편지, 문자 메시지
☐	对话	[duìhuà]	대화
☐	对面	[duìmiàn]	맞은편, 건너편
☐	肚子	[dùzi]	(사람이나 동물의) 복부
☐	儿童	[értóng]	아동, 어린이

☐ 法律	[fǎlǜ]	법률
☐ 房东	[fángdōng]	집주인
☐ 方法	[fāngfǎ]	방법, 수단, 방식
☐ 方面	[fāngmiàn]	방면, 분야
☐ 方向	[fāngxiàng]	방향
☐ 翻译	[fānyì]	번역자, 통역(원)
☐ 份	[fèn]	전체 중의 일부분, 몫, 배당
☐ 富	[fù]	자원, 재산
☐ 父亲	[fùqīn]	부친, 아버지
☐ 干	[gàn]	(사물의) 주요 부분, 줄기
☐ 感觉	[gǎnjué]	감각, 느낌
☐ 感情	[gǎnqíng]	감정
☐ 高速公路	[gāosùgōnglù]	고속도로
☐ 胳膊	[gēbo]	팔
☐ 功夫	[gōngfu]	시간
☐ 公里	[gōnglǐ]	킬로미터(km)
☐ 工资	[gōngzī]	월급, 임금
☐ 光	[guāng]	빛, 광선
☐ 广告	[guǎnggào]	광고, 선전
☐ 关键	[guānjiàn]	관건, 열쇠, 키포인트

☐	观众	[guānzhòng]	관중, 구경꾼
☐	顾客	[gùkè]	고객, 손님
☐	过程	[guòchéng]	과정
☐	国籍	[guójí]	국적
☐	国际	[guójì]	국제
☐	果汁	[guǒzhī]	과일즙
☐	海洋	[hǎiyáng]	해양, 바다
☐	汗	[hàn]	땀
☐	航班	[hángbān]	(배나 비행기의) 운항편, 항공편
☐	寒假	[hánjià]	겨울방학
☐	好处	[hǎochù]	이로운 점, 장점
☐	号码	[hàomǎ]	번호, 숫자
☐	盒子	[hézi]	작은 상자
☐	互联网	[hùliánwǎng]	인터넷
☐	护士	[hùshi]	간호사
☐	价格	[jiàgé]	가격, 값
☐	家具	[jiājù]	가구
☐	奖金	[jiǎngjīn]	상금, 상여금, 보너스
☐	将来	[jiānglái]	장래, 미래

4급

☐	郊区	[jiāoqū]	(도시의) 변두리
☐	教授	[jiàoshòu]	교수
☐	交通	[jiāotōng]	교통
☐	教育	[jiàoyù]	교육
☐	饺子	[jiǎozi]	만두, 교자
☐	加油站	[jiāyóuzhàn]	주유소
☐	基础	[jīchǔ]	(건축물의) 토대, 기초
☐	节	[jié]	기념일, 명절, 축제일
☐	结果	[jiéguǒ]	결과, 결실
☐	警察	[jǐngchá]	경찰
☐	经济	[jīngjì]	경제
☐	京剧	[jīngjù]	경극
☐	景色	[jǐngsè]	풍경, 경치
☐	经验	[jīngyàn]	경험, 체험
☐	镜子	[jìngzi]	거울
☐	技术	[jìshù]	기술
☐	记者	[jìzhě]	기자
☐	聚会	[jùhuì]	모임, 집회
☐	距离	[jùlí]	거리, 간격
☐	看法	[kànfǎ]	견해

☐	烤鸭	[kǎoyā]	오리구이
☐	客厅	[kètīng]	객실, 응접실
☐	空气	[kōngqì]	공기
☐	矿泉水	[kuàngquánshuǐ]	광천수, 생수
☐	困难	[kùnnan]	빈곤, 곤란
☐	垃圾桶	[lājītǒng]	쓰레기통
☐	老虎	[lǎohǔ]	범, 호랑이
☐	礼拜天	[lǐbàitiān]	일요일
☐	礼貌	[lǐmào]	예의, 예의범절
☐	零钱	[língqián]	푼돈, 잔돈
☐	力气	[lìqi]	힘, 역량
☐	理想	[lǐxiǎng]	이상
☐	律师	[lǜshī]	변호사
☐	毛	[máo]	털, 깃털
☐	毛巾	[máojīn]	수건, 타월
☐	梦	[mèng]	꿈
☐	密码	[mìmǎ]	암호, 비밀번호
☐	民族	[mínzú]	민족
☐	目的	[mùdì]	목적
☐	母亲	[mǔqīn]	엄마, 어머니

4급

内	[nèi]	안, 안쪽, 속
内容	[nèiróng]	내용
能力	[nénglì]	능력, 역량
年龄	[niánlíng]	연령, 나이
皮肤	[pífū]	피부
乒乓球	[pīngpāngqiú]	탁구
平时	[píngshí]	평소, 평상시, 보통 때
脾气	[píqi]	성격, 성질
葡萄	[pútáo]	포도
普通话	[pǔtōnghuà]	현대중국표준어
签证	[qiānzhèng]	비자
桥	[qiáo]	다리, 교량
巧克力	[qiǎokèlì]	초콜릿
气候	[qìhòu]	기후
情况	[qíngkuàng]	상황, 형편
亲戚	[qīnqi]	친척
全部	[quánbù]	전부, 전체, 모두
区别	[qūbié]	구별, 차이
缺点	[quēdiǎn]	결점, 단점
任务	[rènwu]	임무

☐	日记	[rìjì]	일기, 일지
☐	森林	[sēnlín]	삼림, 숲
☐	沙发	[shāfā]	소파
☐	勺子	[sháozi]	국자, 주걱
☐	社会	[shèhuì]	사회
☐	生活	[shēnghuó]	생활
☐	生命	[shēngmìng]	생명, 목숨
☐	生意	[shēngyi]	장사, 영업, 사업
☐	师傅	[shīfu]	기사님, 선생님(기예·기능을 가진 사람에 대한 존칭)
☐	世纪	[shìjì]	세기
☐	实际	[shíjì]	실제
☐	首都	[shǒudū]	수도
☐	售货员	[shòuhuòyuán]	판매원, 점원
☐	收入	[shōurù]	수입, 소득
☐	数量	[shùliàng]	수량, 양
☐	顺序	[shùnxù]	순서, 차례
☐	硕士	[shuòshì]	석사
☐	数字	[shùzì]	숫자
☐	速度	[sùdù]	속도

☐	塑料袋	[sùliàodài]	비닐봉지
☐	孙子	[sūnzi]	손자
☐	台	[tái]	높고 평평한 건축물, 대
☐	态度	[tàidu]	태도
☐	汤	[tāng]	국물
☐	糖	[táng]	설탕의 총칭
☐	特点	[tèdiǎn]	특징, 특색
☐	条件	[tiáojiàn]	조건
☐	同时	[tóngshí]	동시, 같은 때
☐	通知	[tōngzhī]	통지, 통지서
☐	网球	[wǎngqiú]	테니스, 정구
☐	网站	[wǎngzhàn]	웹사이트
☐	袜子	[wàzi]	양말, 스타킹
☐	味道	[wèidao]	맛
☐	卫生间	[wèishēngjiān]	화장실, 세면장
☐	温度	[wēndù]	온도
☐	文章	[wénzhāng]	문장, 글월
☐	橡皮	[xiàngpí]	지우개
☐	现金	[xiànjīn]	현금
☐	效果	[xiàoguǒ]	효과

check! 1□ 2□ 3□ 4□ 5□

笑话	[xiàohua]	우스갯소리, 농담
小伙子	[xiǎohuǒzi]	젊은이, 청년
小说	[xiǎoshuō]	소설
消息	[xiāoxi]	소식, 편지
西红柿	[xīhóngshì]	토마토
信封	[xìnfēng]	편지봉투, 봉투
性别	[xìngbié]	성별
性格	[xìnggé]	성격
心情	[xīnqíng]	심정, 감정, 마음
信息	[xìnxī]	정보
信心	[xìnxīn]	자신(감), 확신, 신념
学期	[xuéqī]	학기
牙膏	[yágāo]	치약
压力	[yālì]	압력
盐	[yán]	소금, 식염
阳光	[yángguāng]	햇빛
样子	[yàngzi]	모양, 모습
眼镜	[yǎnjìng]	안경
演员	[yǎnyuán]	배우, 연기자
钥匙	[yàoshi]	열쇠

4급

☐	亚洲	[Yàzhōu]	아시아
☐	页	[yè]	(책의) 쪽, 페이지
☐	叶子	[yèzi]	잎, 잎사귀
☐	意见	[yìjiàn]	견해, 의견,
☐	印象	[yìnxiàng]	인상
☐	艺术	[yìshù]	예술
☐	由	[yóu]	유래, 까닭, 이유
☐	优点	[yōudiǎn]	장점
☐	邮局	[yóujú]	우체국
☐	友谊	[yǒuyì]	우의, 우정
☐	原因	[yuányīn]	원인
☐	语法	[yǔfǎ]	어법, 말법
☐	羽毛球	[yǔmáoqiú]	배드민턴
☐	云	[yún]	구름
☐	语言	[yǔyán]	언어
☐	暂时	[zànshí]	잠깐, 잠시
☐	杂志	[zázhì]	잡지
☐	责任	[zérèn]	책임
☐	指	[zhǐ]	손가락
☐	质量	[zhìliàng]	질, 품질

☐	**知识**	[zhīshi]	지식
☐	**植物**	[zhíwù]	식물
☐	**职业**	[zhíyè]	직업
☐	**重点**	[zhòngdiǎn]	중점
☐	**周围**	[zhōuwéi]	주위, 주변
☐	**专业**	[zhuānyè]	전공
☐	**主意**	[zhǔyi]	생각, 아이디어
☐	**自然**	[zìrán]	자연
☐	**作家**	[zuòjiā]	작가
☐	**座位**	[zuòwèi]	좌석
☐	**作用**	[zuòyòng]	작용
☐	**左右**	[zuǒyòu]	좌우, 왼쪽과 오른쪽
☐	**作者**	[zuòzhě]	지은이, 저자

4급 동사 动词

☐	安排	[ānpái]	(인원·시간 등을) 안배하다
☐	按照	[ànzhào]	~에 따르다, ~의거하다
☐	抱	[bào]	안다, 껴안다
☐	保护	[bǎohù]	보호하다
☐	报名	[bàomíng]	신청하다, 등록하다
☐	抱歉	[bàoqiàn]	미안해하다
☐	保证	[bǎozhèng]	보증하다, 담보하다
☐	表示	[biǎoshì]	의미하다, 가리키다
☐	表演	[biǎoyǎn]	공연하다, 연기하다
☐	表扬	[biǎoyáng]	칭찬하다, 표창하다
☐	毕业	[bìyè]	졸업하다
☐	擦	[cā]	(천 등으로) 닦다
☐	猜	[cāi]	추측하다, 알아맞히다
☐	参观	[cānguān]	참관하다, 견학하다
☐	尝	[cháng]	맛보다, 시식하다
☐	超过	[chāoguò]	초과하다, 넘다
☐	成功	[chénggōng]	성공하다, 이루다
☐	成为	[chéngwéi]	~이(가) 되다, ~(으)로 되다

☐	乘坐	[chéngzuò]	(자동차 등을) 타다
☐	吃惊	[chījīng]	놀라다
☐	抽烟	[chōuyān]	흡연하다
☐	出差	[chūchāi]	(외지로) 출장 가다
☐	出发	[chūfā]	출발하다, 떠나다
☐	出生	[chūshēng]	출생하다, 태어나다
☐	出现	[chūxiàn]	출현하다, 나타나다
☐	存	[cún]	생존하다, 존재하다
☐	打扮	[dǎban]	화장하다, 꾸미다
☐	戴	[dài]	착용하다, 쓰다, 차다
☐	当	[dāng]	담당하다, 맡다
☐	道歉	[dàoqiàn]	사과하다, 사죄하다
☐	打扰	[dǎrǎo]	방해하다, 지장을 주다
☐	打印	[dǎyìn]	프린트하다
☐	打招呼	[dǎzhāohu]	인사하다
☐	打折	[dǎzhé]	꺾다, 끊다
☐	打针	[dǎzhēn]	주사를 놓다(맞다)
☐	得	[dé]	얻다, 획득하다, 받다
☐	掉	[diào]	떨어지다, 떨어뜨리다
☐	调查	[diàochá]	조사하다

4급

☐	丢	[diū]	잃다, 잃어버리다
☐	堵车	[dǔchē]	교통이 꽉 막히다
☐	对话	[duìhuà]	대화하다
☐	反对	[fǎnduì]	반대하다
☐	放弃	[fàngqì]	(권리 등을) 버리다, 포기하다
☐	放暑假	[fàngshǔjià]	여름방학을 하다
☐	放松	[fàngsōng]	늦추다, 느슨하게 하다
☐	翻译	[fānyì]	번역하다, 통역하다
☐	发生	[fāshēng]	생기다, 발생하다
☐	发展	[fāzhǎn]	발전하다
☐	符合	[fúhé]	부합하다, 들어맞다
☐	付款	[fùkuǎn]	돈을 지불하다
☐	复印	[fùyìn]	(복사기로) 복사하다
☐	负责	[fùzé]	책임지다
☐	改变	[gǎibiàn]	변하다, 바뀌다
☐	赶	[gǎn]	뒤쫓다, 따라가다
☐	干杯	[gānbēi]	건배하다
☐	感动	[gǎndòng]	감동하다, 감동되다
☐	感谢	[gǎnxiè]	고맙다, 감사하다

check! 1□ 2□ 3□ 4□ 5□

□	够	[gòu]	(필요한 수량·기준 등을) 만족시키다
□	购物	[gòuwù]	물품을 구입하다
□	挂	[guà]	(물체 표면에) 붙어 있다 (고리·못 따위에) 걸다
□	逛	[guàng]	거닐다, 돌아다니다
□	广播	[guǎngbō]	방송하다
□	管理	[guǎnlǐ]	관리하다
□	规定	[guīdìng]	규정하다, 정하다
□	估计	[gūjì]	추측하다, 짐작하다
□	鼓励	[gǔlì]	격려하다
□	害羞	[hàixiū]	부끄러워하다
□	后悔	[hòuhuǐ]	후회하다
□	怀疑	[huáiyí]	의심하다
□	回忆	[huíyì]	회상하다, 추억하다
□	获得	[huòdé]	얻다, 취득하다
□	活动	[huódòng]	(몸을) 움직이다
□	寄	[jì]	(우편으로) 부치다, 보내다
□	加班	[jiābān]	잔업하다
□	坚持	[jiānchí]	견지하다
□	减肥	[jiǎnféi]	살을 빼다, 감량하다

4급

☐	降低	[jiàngdī]	내리다, 낮추다
☐	降落	[jiàngluò]	내려오다, 착륙하다
☐	减少	[jiǎnshǎo]	감소하다, 줄다, 줄이다
☐	建议	[jiànyì]	제기하다, 제안하다
☐	交	[jiāo]	서로 교차하다, 서로 맞닿다
☐	交流	[jiāoliú]	교류하다
☐	激动	[jīdòng]	감격하다, 흥분하다
☐	解释	[jiěshì]	해석하다
☐	接受	[jiēshòu]	받아들이다, 받다
☐	节约	[jiéyuē]	절약하다, 줄이다
☐	计划	[jìhuà]	계획하다, 꾸미다
☐	积累	[jīlěi]	쌓이다, 누적되다
☐	经历	[jīnglì]	체험하다, 경험하다
☐	竞争	[jìngzhēng]	경쟁하다
☐	进行	[jìnxíng]	앞으로 나아가다, 전진하다
☐	禁止	[jìnzhǐ]	금지하다
☐	继续	[jìxù]	계속하다, 끊임없이 하다
☐	举	[jǔ]	들다, 들어올리다
☐	举办	[jǔbàn]	개최하다, 열다
☐	拒绝	[jùjué]	거절하다

举行	[jǔxíng]	거행하다
开玩笑	[kāiwánxiào]	농담하다, 놀리다
考虑	[kǎolǜ]	고려하다
咳嗽	[késou]	기침하다
困	[kùn]	포위하다, 가두어 놓다
拉	[lā]	끌다, 당기다
来不及	[láibují]	(시간이 부족하여) 돌볼(손쓸) 틈이 없다
来得及	[láidejí]	늦지 않다, (시간이 있어서) 돌볼(손쓸) 수가 있다
来自	[láizì]	~(로)부터 오다, ~에서 나오다
浪费	[làngfèi]	낭비하다, 허비하다
连	[lián]	잇다, 붙이다
联系	[liánxì]	연락하다, 연결하다
理发	[lǐfà]	이발하다
理解	[lǐjiě]	알다, 이해하다
例如	[lìrú]	예를 들다
留	[liú]	보관하다, 보류하다
流行	[liúxíng]	유행하다
旅行	[lǚxíng]	여행하다

4급

☐	**免费**	[miǎnfèi]	무료로 하다
☐	**迷路**	[mílù]	길을 잃다
☐	**弄**	[nòng]	손에 넣다, 마련하다, 갖추다
☐	**排队**	[páiduì]	줄을 서다
☐	**排列**	[páiliè]	배열하다
☐	**判断**	[pànduàn]	판단하다
☐	**陪**	[péi]	모시다, 동반하다
☐	**骗**	[piàn]	속이다, 기만하다
☐	**批评**	[pīpíng]	비판하다, 지적하다
☐	**破**	[pò]	파손되다, 찢어지다
☐	**敲**	[qiāo]	치다, 두드리다
☐	**轻**	[qīng]	경시하다
☐	**取**	[qǔ]	가지다, 취하다
☐	**却**	[què]	후퇴하다, 물러나다
☐	**扔**	[rēng]	던지다
☐	**入口**	[rùkǒu]	수입하다
☐	**散步**	[sànbù]	산책하다
☐	**商量**	[shāngliang]	상의하다, 의논하다
☐	**伤心**	[shāngxīn]	상심하다, 슬퍼하다
☐	**剩**	[shèng]	남다, 남기다

check! 1☐ 2☐ 3☐ 4☐ 5☐

☐	省	[shěng]	아끼다, 절약하다
☐	申请	[shēnqǐng]	신청하다
☐	使	[shǐ]	~시키다, ~하게 하다
☐	失败	[shībài]	실패하다
☐	适合	[shìhé]	적합하다, 알맞다
☐	失望	[shīwàng]	실망하다
☐	适应	[shìyìng]	적응하다
☐	使用	[shǐyòng]	사용하다, 쓰다
☐	收	[shōu]	받다, 접수하다
☐	受不了	[shòubuliǎo]	견딜 수 없다
☐	受到	[shòudào]	얻다, 받다
☐	收拾	[shōushi]	거두다, 정리하다
☐	输	[shū]	패하다, 지다
☐	说明	[shuōmíng]	설명하다
☐	死	[sǐ]	(생물이) 죽다
☐	随着	[suízhe]	(~에) 따르다
☐	抬	[tái]	맞들다, 함께 들다
☐	谈	[tán]	말하다, 이야기하다
☐	躺	[tǎng]	눕다, 드러눕다
☐	弹钢琴	[tángāngqín]	피아노를 치다

☐	讨论	[tǎolùn]	토론하다
☐	讨厌	[tǎoyàn]	싫어하다, 미워하다
☐	提	[tí]	(아래에서 위로) 끌어올리다
☐	填空	[tiánkòng]	빈자리를 메우다
☐	提供	[tígōng]	제공하다
☐	停	[tíng]	정지하다, 멎다
☐	提前	[tíqián]	앞당기다
☐	提醒	[tíxǐng]	일깨우다, 깨우치다
☐	通过	[tōngguò]	건너가다, 통과하다
☐	同情	[tóngqíng]	동정하다
☐	推	[tuī]	밀다
☐	推迟	[tuīchí]	뒤로 미루다, 늦추다
☐	脱	[tuō]	(몸에서) 벗다
☐	无	[wú]	없다
☐	误会	[wùhuì]	오해하다
☐	污染	[wūrǎn]	오염시키다
☐	响	[xiǎng]	소리가 나다, 울리다
☐	羡慕	[xiànmù]	흠모하다, 부러워하다
☐	行	[xíng]	좋다, ~해도 좋다
☐	醒	[xǐng]	잠에서 깨다

☐	修理	[xiūlǐ]	수리하다, 고치다
☐	吸引	[xīyǐn]	빨아들이다, 잡아끌다
☐	演出	[yǎnchū]	공연하다
☐	养成	[yǎngchéng]	습관이 되다, 길러지다
☐	邀请	[yāoqǐng]	초청하다, 초대하다
☐	赢	[yíng]	이익을 얻다
☐	应聘	[yìngpìn]	초빙에 응하다
☐	引起	[yǐnqǐ]	(주의를) 끌다, 야기하다
☐	以为	[yǐwéi]	여기다, 생각하다
☐	由	[yóu]	경과하다, 경유하다, 지나다
☐	与	[yǔ]	주다, 베풀다
☐	原谅	[yuánliàng]	양해하다
☐	阅读	[yuèdú]	열독하다, (책이나 신문을) 보다
☐	约会	[yuēhuì]	만날 약속을 하다
☐	云	[yún]	말하다
☐	允许	[yǔnxǔ]	동의하다, 허가하다
☐	预习	[yùxí]	예습하다
☐	增加	[zēngjiā]	증가하다, 늘리다
☐	占线	[zhànxiàn]	통화 중이다

□	照	[zhào]	비추다, 비치다
□	招聘	[zhāopìn]	모집하다, 초빙하다
□	整理	[zhěnglǐ]	정리하다
□	证明	[zhèngmíng]	증명하다
□	之	[zhī]	가다
□	支持	[zhīchí]	지지하다
□	重视	[zhòngshì]	중시하다
□	转	[zhuàn]	돌다, 회전하다
□	赚	[zhuàn]	(돈을) 벌다
□	祝贺	[zhùhè]	축하하다
□	自信	[zìxìn]	자신하다, 자부하다
□	总结	[zǒngjié]	총괄하다
□	租	[zū]	세내다, 임차하다
□	尊重	[zūnzhòng]	존중하다

4급 형용사 形容词

安全	[ānquán]	안전하다
笨	[bèn]	멍청하다, 미련하다
差不多	[chàbuduō]	비슷하다
诚实	[chéngshí]	진실하다, 참되다
低	[dī]	낮다
烦恼	[fánnǎo]	번뇌하다, 걱정하다
丰富	[fēngfù]	많다, 풍부하다
富	[fù]	풍부하다, 넉넉하다
复杂	[fùzá]	복잡하다
敢	[gǎn]	용감하다
刚	[gāng]	단단하다, 강하다
共同	[gòngtóng]	공동의, 공통의
合格	[hégé]	규격에 맞다, 합격이다
合适	[héshì]	적당하다, 알맞다
厚	[hòu]	두껍다, 두텁다
活泼	[huópo]	활발하다
假	[jiǎ]	거짓의, 가짜의
骄傲	[jiāo'ào]	오만하다, 거만하다

4급

☐	积极	[jījí]	적극적이다
☐	精彩	[jīngcǎi]	뛰어나다
☐	紧张	[jǐnzhāng]	긴장해 있다
☐	及时	[jíshí]	시기적절하다
☐	开心	[kāixīn]	기쁘다, 즐겁다
☐	可怜	[kělián]	가련하다, 불쌍하다
☐	可惜	[kěxī]	섭섭하다, 아쉽다
☐	空	[kōng]	(속이) 비다
☐	苦	[kǔ]	쓰다
☐	辣	[là]	맵다, 아리다
☐	懒	[lǎn]	게으르다, 나태하다
☐	浪漫	[làngmàn]	낭만적이다
☐	冷静	[lěngjìng]	냉정하다
☐	凉快	[liángkuai]	시원하다
☐	厉害	[lìhai]	무섭다, 사납다
☐	礼貌	[lǐmào]	예의바르다
☐	流利	[liúlì]	막힘이 없다, 거침없다
☐	乱	[luàn]	어지럽다, 무질서하다
☐	麻烦	[máfan]	귀찮다, 성가시다
☐	满	[mǎn]	가득하다

☐	美丽	[měilì]	아름답다, 예쁘다
☐	耐心	[nàixīn]	참을성이 있다
☐	难受	[nánshòu]	불편하다, 괴롭다
☐	暖和	[nuǎnhuo]	따뜻하다, 따사롭다
☐	普遍	[pǔbiàn]	보편적인, 일반적인
☐	轻	[qīng]	가볍다
☐	轻松	[qīngsōng]	수월하다, 가볍다
☐	穷	[qióng]	빈곤하다, 궁하다
☐	确实	[quèshí]	확실하다
☐	深	[shēn]	깊다
☐	实在	[shízai]	착실하다, 성실하다
☐	帅	[shuài]	잘생기다, 멋지다
☐	顺利	[shùnlì]	순조롭다
☐	熟悉	[shúxī]	잘 알다, 익숙하다
☐	酸	[suān]	시큼하다, 시다
☐	所有	[suǒyǒu]	모든, 전부의
☐	挺	[tǐng]	꼿꼿하다, 곧다
☐	危险	[wēixiǎn]	위험하다
☐	无聊	[wúliáo]	따분하다, 지루하다
☐	咸	[xián]	짜다, 소금기가 있다

4급

香	[xiāng]	향기롭다
相同	[xiāngtóng]	서로 같다, 똑같다
详细	[xiángxì]	상세하다, 자세하다, 세세하다
兴奋	[xīngfèn]	격분하다, 흥분하다
幸福	[xìngfú]	행복하다
辛苦	[xīnkǔ]	고생스럽다, 고되다
许多	[xǔduō]	매우 많다, 허다하다
严格	[yángé]	엄격하다, 엄하다
严重	[yánzhòng]	위급하다, 심각하다
勇敢	[yǒnggǎn]	용감하다
友好	[yǒuhǎo]	우호적이다
幽默	[yōumò]	유머러스한
有趣	[yǒuqù]	재미있다, 흥미가 있다
愉快	[yúkuài]	기쁘다, 유쾌하다
脏	[zāng]	더럽다, 불결하다
正常	[zhèngcháng]	정상적인
正好	[zhènghǎo]	딱 맞다, 꼭 맞다
正确	[zhèngquè]	정확하다, 올바르다
正式	[zhèngshì]	정식의, 공식의

☐	**真正**	[zhēnzhèng]	진정한, 참된, 순수한
☐	**直接**	[zhíjiē]	직접적인
☐	**重**	[zhòng]	무겁다, 비중이 크다
☐	**专门**	[zhuānmén]	전문적이다
☐	**著名**	[zhùmíng]	저명하다
☐	**准确**	[zhǔnquè]	확실하다, 틀림없다
☐	**仔细**	[zǐxì]	세심하다, 꼼꼼하다
☐	**最好**	[zuìhǎo]	가장 좋다

4급 부사 副词

☐	按时	[ànshí]	제때에, 시간에 맞추어
☐	不得不	[bùdébù]	어쩔 수 없이, 부득불
☐	重新	[chóngxīn]	다시, 재차
☐	从来	[cónglái]	지금까지, 여태껏
☐	大概	[dàgài]	아마도, 대개
☐	大约	[dàyuē]	아마, 다분히
☐	故意	[gùyì]	고의로, 일부러
☐	互相	[hùxiāng]	서로, 상호
☐	交	[jiāo]	서로, 상호
☐	接着	[jiēzhe]	이어서, 잇따라
☐	竟然	[jìngrán]	뜻밖에도, 의외로
☐	究竟	[jiūjìng]	도대체, 대관절
☐	恐怕	[kǒngpà]	아마 ~일 것이다
☐	难道	[nándào]	설마 ~란 말인가? 설마 ~하겠는가?
☐	偶尔	[ǒu'ěr]	때때로, 이따금
☐	千万	[qiānwàn]	부디, 제발, 아무쪼록
☐	仍然	[réngrán]	변함없이, 여전히

☐	稍微	[shāowēi]	조금, 약간
☐	甚至	[shènzhì]	심지어, ~까지도, ~조차도
☐	十分	[shífēn]	매우, 아주, 충분히
☐	是否	[shìfǒu]	~인지 아닌지
☐	首先	[shǒuxiān]	가장 먼저, 우선
☐	顺便	[shùnbiàn]	~하는 김에, 겸사겸사
☐	随便	[suíbiàn]	마음대로, 제멋대로
☐	挺	[tǐng]	꽤, 제법, 자못, 매우, 상당히, 대단히, 아주
☐	同时	[tóngshí]	동시에
☐	往往	[wǎngwǎng]	왕왕, 자주, 흔히
☐	完全	[wánquán]	완전히, 전적으로
☐	咸	[xián]	전부, 모두, 다
☐	也许	[yěxǔ]	어쩌면, 아마도
☐	永远	[yǒngyuǎn]	영원히, 길이길이
☐	尤其	[yóuqí]	더욱이, 특히
☐	原来	[yuánlái]	이전에, 본래
☐	只好	[zhǐhǎo]	부득이, 어쩔 수 없이
☐	至少	[zhìshǎo]	적어도, 최소한
☐	准时	[zhǔnshí]	정시에, 제때에

4급 기타 其他

양사

抱	[bào]	아름
倍	[bèi]	배, 배수, 곱절, 갑절
遍	[biàn]	번, 차례, 회
场	[chǎng]	회(回), 번, 차례
刀	[dāo]	종이 100장
份	[fèn]	조각, 벌, 세트
挂	[guà]	줄, 꿰미, 덩이
节	[jié]	여러 개로 나누어진 것, 마디
棵	[kē]	그루, 포기
毛	[máo]	마오(중국의 화폐 단위)
秒	[miǎo]	초(시간 단위)
篇	[piān]	편, 장
台	[tái]	(기계 등을 세는) 대
抬	[tái]	짐(두 사람이 맞드는 것)
趟	[tàng]	차례, 번(왕래한 횟수)
停	[tíng]	몫, 할, 분
挺	[tǐng]	자루, 정(총을 셀 때)

check! 1□ 2□ 3□ 4□ 5□

	页	[yè]	쪽, 페이지
□	指	[zhǐ]	손가락 굵기
□	转	[zhuàn]	바퀴
□	座	[zuò]	좌, 동, 채(부피가 크거나 고정된 물체를 세는 단위)

개사

	按照	[ànzhào]	~에 의해, ~에 따라
□	当	[dāng]	바로 그 때, 바로 거기
□	对于	[duìyú]	~에 대해서, ~에 대하여
□	赶	[gǎn]	~에 이르러, ~때가 되어
□	连	[lián]	~조차도, ~마저도, ~까지도
□	通过	[tōngguò]	~을 거쳐, ~에 의해
□	以	[yǐ]	~으로써, ~에게 ~을(를) 주다, ~에 의해, ~때문에
□	由	[yóu]	~으로부터, ~에서(부터), ~을 통하여
□	由于	[yóuyú]	~때문에, ~으로 인하여
□	与	[yǔ]	~와(과), ~함께
□	照	[zhào]	~에 의거해서, ~에 근거해서

4급

접속사

并且	[bìngqiě]	게다가, 나아가
比如	[bǐrú]	예를 들면, 예컨대
不管	[bùguǎn]	~을 막론하고, ~에 관계없이
不过	[búguò]	그러나, 그런데, 하지만
不仅	[bùjǐn]	~뿐만 아니라
而	[ér]	~하고도, 그리고
否则	[fǒuzé]	만약 그렇지 않으면
假	[jiǎ]	만일, 만약, 혹시
尽管	[jǐnguǎn]	비록 ~라 하더라도
既然	[jìrán]	~된 바에야, ~인(된) 이상
即使	[jíshǐ]	설령 ~하더라도
可是	[kěshì]	그러나, 하지만, 그렇지만
另外	[lìngwài]	이 외에, 이 밖에
然而	[rán'ér]	그러나, 하지만, 그렇지만
甚至	[shènzhì]	~까지도, ~조차도
随便	[suíbiàn]	~를 막론하고
同时	[tóngshí]	그리고, 또한, 아울러
无	[wú]	~을(를) 막론하고

check! 1☐ 2☐ 3☐ 4☐ 5☐

☐ 无论	[wúlùn]	~을(를) 따지지 않고
☐ 相反	[xiāngfǎn]	반대로, 거꾸로, 오히려
☐ 要是	[yàoshi]	만약, 만약 ~이라면(하면)
☐ 以	[yǐ]	~하여, ~함으로써, ~하기 위하여
☐ 因此	[yīncǐ]	이로 인하여, 이 때문에
☐ 由于	[yóuyú]	~때문에, ~으로 인하여
☐ 与	[yǔ]	~와(과)
☐ 于是	[yúshì]	그래서, 이리하여, 그리하여
☐ 只要	[zhǐyào]	~하기만 하면

수사

☐ 俩	[liǎ]	두 개, 두 사람
☐ 千万	[qiānwàn]	일천만

대명사

☐ 各	[gè]	각, 여러, 갖가지
☐ 另外	[lìngwài]	다른 사람이나 사물
☐ 其次	[qícì]	다음, 그 다음, 버금
☐ 其中	[qízhōng]	그 중에, 그 안에

	任何	[rènhé]	어떠한, 무슨
	首先	[shǒuxiān]	첫째로, 먼저
	一切	[yíqiè]	일체, 전부, 모든
	咱们	[zánmen]	우리(들)

접미사

	不过	[búguò]	~할 수 없다

조사

	等	[děng]	등, 따위
	呀	[ya]	어조사 啊(a)가 앞 음절의 모음(a·e·i·o·u)의 영향을 받아 변화된 음을 표기하기 위한 글자
	之	[zhī]	~의, ~한, ~은

PART 5

5급 단어

신문, 잡지 등을 읽을 수 있고, 영화 및 TV 프로그램을
감상할 수 있으며 중국어로 연설이 가능한 수준

5급 명사 名词

☐	爱心	[àixīn]	관심과 사랑, 사랑하는 마음
☐	岸	[àn]	물가, 해안
☐	摆	[bǎi]	흔들이, (시계) 추
☐	傍晚	[bàngwǎn]	저녁 무렵
☐	宝贝	[bǎobèi]	귀염둥이
☐	报道	[bàodào]	보도
☐	报告	[bàogào]	보고, 리포트
☐	包裹	[bāoguǒ]	소포, 보따리
☐	报社	[bàoshè]	신문사
☐	保险	[bǎoxiǎn]	보험
☐	背	[bèi]	등
☐	背景	[bèijǐng]	배후, 백그라운드
☐	被子	[bèizi]	이불
☐	本科	[běnkē]	(대학교의) 학부
☐	本领	[běnlǐng]	기량, 솜씨
☐	本质	[běnzhì]	본질
☐	鞭炮	[biānpào]	폭죽
☐	标点	[biāodiǎn]	구두점

check! 1☐ 2☐ 3☐ 4☐ 5☐

☐	表面	[biǎomiàn]	표면, 계기의 눈금판
☐	表情	[biǎoqíng]	표정
☐	表现	[biǎoxiàn]	태도, 품행
☐	标志	[biāozhì]	상징, 표지
☐	比例	[bǐlì]	비, 비례
☐	病毒	[bìngdú]	바이러스
☐	冰激凌	[bīngjilíng]	아이스크림
☐	玻璃	[bōli]	유리
☐	博物馆	[bówùguǎn]	박물관
☐	脖子	[bózi]	목
☐	布	[bù]	천, 베
☐	部门	[bùmén]	부문, 부서
☐	步骤	[bùzhòu]	순서, 절차
☐	财产	[cáichǎn]	재산, 자산
☐	彩虹	[cǎihóng]	무지개
☐	操场	[cāochǎng]	운동장
☐	册	[cè]	책, 책자
☐	差距	[chājù]	격차, 차이
☐	常识	[chángshí]	상식
☐	产品	[chǎnpǐn]	생산품, 제품

5급

☐	叉子	[chāzi]	포크
☐	车库	[chēkù]	차고
☐	程度	[chéngdù]	정도
☐	成分	[chéngfèn]	성분, 요소
☐	成果	[chéngguǒ]	성과
☐	称呼	[chēnghu]	(인간 관계상의) 호칭
☐	成就	[chéngjiù]	성취, 업적
☐	成人	[chéngrén]	성인, 어른
☐	程序	[chéngxù]	순서, 절차
☐	成语	[chéngyǔ]	성어, 관용어
☐	车厢	[chēxiāng]	객실, 화물칸
☐	翅膀	[chìbǎng]	(새·곤충의) 날개
☐	池塘	[chítáng]	(작고 얕은) 못
☐	尺子	[chǐzi]	자
☐	充电器	[chōngdiànqì]	충전기
☐	宠物	[chǒngwù]	애완동물
☐	抽屉	[chōuti]	서랍
☐	窗帘	[chuānglián]	커튼
☐	传说	[chuánshuō]	전설
☐	传统	[chuántǒng]	전통

check! 1□ 2□ 3□ 4□ 5□

□	除夕	[chúxī]	섣달 그믐날 밤, 제야
□	词汇	[cíhuì]	어휘
□	此外	[cǐwài]	이 외에, 이 밖에
□	从前	[cóngqián]	이전
□	醋	[cù]	식초
□	措施	[cuòshī]	조치
□	代表	[dàibiǎo]	대표
□	待遇	[dàiyù]	대우, 대접
□	当地	[dāngdì]	현지, 현장
□	当心	[dāngxīn]	가슴 한복판, 가슴패기, 가슴팍
□	单位	[dānwèi]	직장, 기관, 단체
□	胆小鬼	[dǎnxiǎoguǐ]	겁쟁이
□	单元	[dānyuán]	단원
□	道德	[dàodé]	도덕, 윤리
□	道理	[dàolǐ]	도리, 이치
□	导演	[dǎoyǎn]	연출자, 감독
□	岛屿	[dǎoyǔ]	섬
□	大厦	[dàshà]	빌딩
□	大象	[dàxiàng]	코끼리

5급

☐	滴	[dī]	한 방울씩 떨어지는 액체
☐	电池	[diànchí]	전지
☐	电台	[diàntái]	라디오 방송국, 무선통신기
☐	点心	[diǎnxin]	간식(거리)
☐	地理	[dìlǐ]	지리
☐	顶	[dǐng]	꼭대기, 최고점
☐	地区	[dìqū]	지역, 지구
☐	敌人	[dírén]	적
☐	地毯	[dìtǎn]	양탄자, 카펫
☐	地位	[dìwèi]	지위
☐	地震	[dìzhèn]	지진
☐	洞	[dòng]	구멍, 굴
☐	动画片	[dònghuàpiān]	만화영화
☐	豆腐	[dòufu]	두부
☐	对方	[duìfāng]	상대방, 상대편
☐	对手	[duìshǒu]	상대, 적수
☐	对象	[duìxiàng]	(연애·결혼의) 상대
☐	耳环	[ěrhuán]	귀고리
☐	方	[fāng]	사각형, 육면체
☐	方案	[fāng'àn]	방안

☐	**方式**	[fāngshì]	방식, 방법
☐	**范围**	[fànwéi]	범위
☐	**反应**	[fǎnyìng]	반응
☐	**反映**	[fǎnyìng]	반영
☐	**发票**	[fāpiào]	영수증
☐	**法院**	[fǎyuàn]	법원
☐	**肥皂**	[féizào]	비누
☐	**分别**	[fēnbié]	차이, 다름, 차별
☐	**讽刺**	[fěngcì]	풍자
☐	**风格**	[fēnggé]	성격, 기질
☐	**风景**	[fēngjǐng]	풍경, 경치
☐	**风俗**	[fēngsú]	풍속
☐	**风险**	[fēngxiǎn]	위험, 모험
☐	**幅**	[fú]	너비, 폭
☐	**妇女**	[fùnǚ]	부녀자
☐	**服装**	[fúzhuāng]	복장, 의복
☐	**概念**	[gàiniàn]	개념
☐	**钢铁**	[gāngtiě]	강과 철
☐	**感想**	[gǎnxiǎng]	감상, 느낌
☐	**隔壁**	[gébì]	이웃집, 옆집

5급

☐	根	[gēn]	뿌리
☐	根本	[gēnběn]	근본, 근원
☐	个人	[gèrén]	개인
☐	个性	[gèxìng]	개성
☐	工厂	[gōngchǎng]	공장
☐	工程师	[gōngchéngshī]	기사, 엔지니어
☐	工具	[gōngjù]	공구
☐	功能	[gōngnéng]	기능, 작용
☐	工人	[gōngrén]	노동자
☐	工业	[gōngyè]	공업
☐	公寓	[gōngyù]	월세 여관, 하숙집
☐	公元	[gōngyuán]	서기(西紀)
☐	公主	[gōngzhǔ]	공주
☐	官	[guān]	국가에 속하는 것, 공공의 것
☐	观点	[guāndiǎn]	관점, 견해
☐	广场	[guǎngchǎng]	광장
☐	光明	[guāngmíng]	광명
☐	光盘	[guāngpán]	시디(CD), 콤팩트디스크
☐	冠军	[guànjūn]	챔피언, 우승자
☐	观念	[guānniàn]	관념, 생각

☐	管子	[guǎnzi]	관, 파이프
☐	古代	[gǔdài]	고대
☐	姑姑	[gūgu]	고모
☐	规矩	[guīju]	표준, 규정
☐	规律	[guīlǜ]	규율, 법칙
☐	规模	[guīmó]	규모
☐	柜台	[guìtái]	계산대, 카운터
☐	规则	[guīzé]	규칙
☐	姑娘	[gūniang]	아가씨
☐	锅	[guō]	솥, 냄비
☐	国庆节	[guóqìngjié]	국경절
☐	果实	[guǒshí]	과실
☐	国王	[guówáng]	국왕
☐	股票	[gǔpiào]	주, 주식, (유가)증권
☐	骨头	[gǔtou]	뼈
☐	海关	[hǎiguān]	세관
☐	海鲜	[hǎixiān]	해산물, 해물
☐	行业	[hángyè]	직업, 업종
☐	恨	[hèn]	한, 원한, 원망, 증오
☐	和平	[hépíng]	평화

5급

☐	合同	[hétong]	계약서
☐	核心	[héxīn]	핵심
☐	合影	[héyǐng]	단체 사진, 함께 찍은 사진
☐	后背	[hòubèi]	등
☐	后果	[hòuguǒ]	(안 좋은) 결과, 뒤탈
☐	猴子	[hóuzi]	원숭이
☐	壶	[hú]	병, 항아리, 주전자
☐	黄金	[huángjīn]	황금
☐	幻想	[huànxiǎng]	공상, 환상
☐	花生	[huāshēng]	땅콩
☐	话题	[huàtí]	화제
☐	化学	[huàxué]	화학
☐	华裔	[huáyì]	외국의 중국인(화교) 후예
☐	蝴蝶	[húdié]	나비
☐	灰	[huī]	재
☐	灰尘	[huīchén]	먼지
☐	汇率	[huìlǜ]	환율
☐	婚礼	[hūnlǐ]	결혼식
☐	婚姻	[hūnyīn]	혼인, 결혼
☐	伙伴	[huǒbàn]	동료

check! 1□ 2□ 3□ 4□ 5□

□	火柴	[huǒchái]	성냥
□	胡同	[hútòng]	골목
□	呼吸	[hūxī]	한 번의 호흡
□	甲	[jiǎ]	딱딱한 껍데기
□	嘉宾	[jiābīn]	귀빈
□	肩膀	[jiānbǎng]	어깨
□	剪刀	[jiǎndāo]	가위
□	酱油	[jiàngyóu]	간장
□	讲座	[jiǎngzuò]	강좌
□	简历	[jiǎnlì]	이력서
□	键盘	[jiànpán]	건반, 키보드
□	建筑	[jiànzhù]	건축물
□	教材	[jiàocái]	교재
□	角度	[jiǎodù]	각도
□	教练	[jiàoliàn]	감독, 코치
□	胶水	[jiāoshuǐ]	풀
□	家庭	[jiātíng]	가정
□	家务	[jiāwù]	가사, 집안일
□	家乡	[jiāxiāng]	고향
□	价值	[jiàzhí]	가치

5급

☐	夹子	[jiāzi]	집게
☐	阶段	[jiēduàn]	단계, 계단
☐	结构	[jiégòu]	구성, 구조
☐	借口	[jièkǒu]	구실, 핑계
☐	戒指	[jièzhi]	반지
☐	纪录	[jìlù]	기록, 다큐멘터리
☐	近代	[jìndài]	근대, 근세
☐	经典	[jīngdiǎn]	고전, 중요하고 권위 있는 저작
☐	精力	[jīnglì]	정력
☐	精神	[jīngshén]	정신
☐	金属	[jīnshǔ]	금속
☐	机器	[jīqì]	기계, 기기
☐	肌肉	[jīròu]	근육
☐	集体	[jítǐ]	집단, 단체
☐	酒吧	[jiǔbā]	술집, 바
☐	救护车	[jiùhùchē]	구급차
☐	舅舅	[jiùjiu]	외숙, 외삼촌
☐	急诊	[jízhěn]	응급진료
☐	决赛	[juésài]	결승

☐	**角色**	[juésè]	(연극 등의) 배역, 역할
☐	**决心**	[juéxīn]	결심
☐	**俱乐部**	[jùlèbù]	클럽, 동호회
☐	**军事**	[jūnshì]	군사
☐	**桔子**	[júzi]	귤
☐	**卡车**	[kǎchē]	트럭
☐	**开幕式**	[kāimùshì]	개막식
☐	**开水**	[kāishuǐ]	끓인 물
☐	**颗**	[kē]	알, 과립
☐	**课程**	[kèchéng]	교육과정, 커리큘럼
☐	**空间**	[kōngjiān]	공간
☐	**空闲**	[kòngxián]	여가, 짬, 틈
☐	**口味**	[kǒuwèi]	(지방 특유의) 맛, 풍미
☐	**会计**	[kuàijì]	회계, 경리
☐	**昆虫**	[kūnchóng]	곤충
☐	**辣椒**	[làjiāo]	고추
☐	**老百姓**	[lǎobǎixìng]	백성, 국민
☐	**老板**	[lǎobǎn]	상점주인
☐	**劳动**	[láodòng]	일, 노동
☐	**姥姥**	[lǎolao]	외할머니

5급

☐	老婆	[lǎopo]	아내, 처
☐	老鼠	[lǎoshǔ]	쥐
☐	雷	[léi]	천둥, 우레
☐	类型	[lèixíng]	유형
☐	梨	[lí]	배
☐	粮食	[liángshi]	양식, 식량
☐	列车	[lièchē]	열차
☐	力量	[lìliang]	힘
☐	理论	[lǐlùn]	이론
☐	铃	[líng]	방울
☐	零件	[língjiàn]	부속품
☐	零食	[língshí]	간식, 군것질
☐	领域	[lǐngyù]	분야, 영역
☐	利润	[lìrùn]	이윤
☐	利息	[lìxī]	이자
☐	利益	[lìyì]	이익, 이득
☐	理由	[lǐyóu]	이유, 까닭
☐	龙	[lóng]	용
☐	陆地	[lùdì]	땅
☐	论文	[lùnwén]	논문

check! 1□ 2□ 3□ 4□ 5□

☐	逻辑	[luójí]	논리
☐	录音	[lùyīn]	녹음, 기록된 소리
☐	麦克风	[màikèfēng]	마이크
☐	馒头	[mántou]	만두, 찐빵
☐	毛病	[máobìng]	(기계의) 고장
☐	矛盾	[máodùn]	갈등, 대립
☐	贸易	[màoyì]	무역, 교역
☐	魅力	[mèilì]	매력
☐	眉毛	[méimao]	눈썹
☐	美术	[měishù]	미술
☐	煤炭	[méitàn]	석탄
☐	媒体	[méitǐ]	대중매체, 매스미디어
☐	梦想	[mèngxiǎng]	꿈, 몽상
☐	面积	[miànjī]	면적
☐	蜜蜂	[mìfēng]	꿀벌
☐	秘密	[mìmì]	비밀, 기밀
☐	命令	[mìnglìng]	명령
☐	名牌	[míngpái]	유명상표, 브랜드
☐	名片	[míngpiàn]	명함
☐	名胜古迹	[míngshènggǔjì]	명승고적

5급

☐	明星	[míngxīng]	샛별, 스타(유명한 연예인)
☐	命运	[mìngyùn]	운명
☐	秘书	[mìshū]	비서
☐	模特	[mótè]	모델
☐	摩托车	[mótuōchē]	오토바이
☐	目标	[mùbiāo]	목표
☐	目录	[mùlù]	목록
☐	目前	[mùqián]	지금, 현재
☐	木头	[mùtou]	나무, 목재
☐	脑袋	[nǎodai]	(사람이나 동물의) 머리
☐	内部	[nèibù]	내부
☐	内科	[nèikē]	내과
☐	能源	[néngyuán]	에너지원, 에너지
☐	年代	[niándài]	시대, 시기
☐	年纪	[niánjì]	나이, 연령
☐	牛仔裤	[niúzǎikù]	청바지
☐	农村	[nóngcūn]	농촌
☐	农民	[nóngmín]	농민, 농부
☐	农业	[nóngyè]	농업
☐	女士	[nǚshì]	여사, 숙녀, 부인

check! 1☐ 2☐ 3☐ 4☐ 5☐

☐	欧洲	[ōuzhōu]	유럽
☐	派	[pài]	파, 파벌
☐	盆	[pén]	대야, 화분
☐	匹	[pǐ]	짝을 이루는 것
☐	频道	[píndào]	채널
☐	平常	[píngcháng]	평소, 평상시
☐	平方	[píngfāng]	제곱, 평방
☐	评价	[píngjià]	평가
☐	枪	[qiāng]	총
☐	墙	[qiáng]	담장, 벽, 울타리
☐	前途	[qiántú]	전도, 전망
☐	启发	[qǐfā]	계발, 깨우침
☐	气氛	[qìfēn]	분위기
☐	奇迹	[qíjì]	기적
☐	期间	[qījiān]	기간, 시간
☐	青春	[qīngchūn]	청춘
☐	情景	[qíngjǐng]	정경
☐	请求	[qǐngqiú]	요구, 요청
☐	青少年	[qīngshàonián]	청소년
☐	情绪	[qíngxù]	정서, 감정

5급

☐	球迷	[qiúmí]	축구 팬
☐	企业	[qǐyè]	기업
☐	汽油	[qìyóu]	휘발유, 가솔린
☐	圈	[quān]	고리, 테. 주위, 둘레
☐	权利	[quánlì]	권리,
☐	权力	[quánlì]	권력
☐	全面	[quánmiàn]	전면, 전반
☐	群	[qún]	무리, 떼
☐	趋势	[qūshì]	추세
☐	人才	[réncái]	인재
☐	人口	[rénkǒu]	인구
☐	人类	[rénlèi]	인류
☐	人民币	[rénmínbì]	인민폐
☐	人生	[rénshēng]	인생
☐	人事	[rénshì]	인사
☐	人物	[rénwù]	인물
☐	人员	[rényuán]	인원, 요원
☐	日程	[rìchéng]	일정
☐	日历	[rìlì]	일력
☐	日期	[rìqī]	날짜, 기일

check! 1□ 2□ 3□ 4□ 5□

日用品	[rìyòngpǐn]	일용품
日子	[rìzi]	(선택한) 날짜, 시간
软件	[ruǎnjiàn]	소프트웨어
如今	[rújīn]	(비교적 먼 과거에 대하여) 지금, 오늘날
嗓子	[sǎngzi]	목소리, 목청
色彩	[sècǎi]	색채, 색깔
沙漠	[shāmò]	사막
闪电	[shǎndiàn]	번개
商品	[shāngpǐn]	상품
商务	[shāngwù]	상업상의 용무
商业	[shāngyè]	상업, 비즈니스
扇子	[shànzi]	부채
沙滩	[shātān]	모래사장
蛇	[shé]	뱀
设备	[shèbèi]	설비, 시설
设计	[shèjì]	설계, 디자인
射击	[shèjī]	사격(경기)
身材	[shēncái]	몸매, 체격
身份	[shēnfen]	신분, 지위

5급

☐	声调	[shēngdiào]	성조, 말투, 어조
☐	胜利	[shènglì]	승리
☐	绳子	[shéngzi]	노끈, 밧줄
☐	神话	[shénhuà]	신화
☐	设施	[shèshī]	시설
☐	诗	[shī]	시(詩)
☐	士兵	[shìbīng]	병사
☐	时差	[shíchā]	시차
☐	市场	[shìchǎng]	시장
☐	时代	[shídài]	시대, 시기
☐	实话	[shíhuà]	실화, 참말
☐	实践	[shíjiàn]	실천, 실행
☐	试卷	[shìjuàn]	시험지
☐	时刻	[shíkè]	시간, 시각
☐	时期	[shíqī]	(특정한) 시기
☐	时尚	[shíshàng]	시대적 유행
☐	事实	[shìshí]	사실
☐	石头	[shítou]	돌
☐	食物	[shíwù]	음식물
☐	事物	[shìwù]	사물

☐	事先	[shìxiān]	사전, 미리
☐	始终	[shǐzhōng]	처음과 끝, 시종
☐	狮子	[shīzi]	사자
☐	首	[shǒu]	시작, 처음. 머리
☐	手工	[shǒugōng]	수공
☐	收据	[shōujù]	영수증
☐	寿命	[shòumìng]	수명, 목숨
☐	手套	[shǒutào]	장갑
☐	手续	[shǒuxù]	수속, 절차
☐	手指	[shǒuzhǐ]	손가락
☐	双方	[shuāngfāng]	쌍방, 양쪽
☐	鼠标	[shǔbiāo]	마우스
☐	蔬菜	[shūcài]	채소, 야채
☐	税	[shuì]	세금
☐	书架	[shūjià]	책꽂이
☐	数据	[shùjù]	데이터
☐	数码	[shùmǎ]	숫자
☐	梳子	[shūzi]	빗
☐	丝绸	[sīchóu]	비단, 명주
☐	思想	[sīxiǎng]	사상

5급

所	[suǒ]	장소, 곳
锁	[suǒ]	자물쇠
宿舍	[sùshè]	기숙사
台阶	[táijiē]	층계, 계단
太极拳	[tàijíquán]	태극권
桃	[táo]	복숭아
套	[tào]	덮개, 커버
特色	[tèsè]	특색
特征	[tèzhēng]	특징
天空	[tiānkōng]	하늘, 공중
挑战	[tiǎozhàn]	도전
提纲	[tígāng]	요점, 요강
题目	[tímù]	제목, 테마
通常	[tōngcháng]	평상시, 통상
痛苦	[tòngkǔ]	고통, 아픔
团	[tuán]	단체, 집단, 그룹
土地	[tǔdì]	토지, 전답
土豆	[tǔdòu]	감자
兔子	[tùzi]	토끼
外公	[wàigōng]	외할아버지

check! 1□ 2□ 3□ 4□ 5□

□	外交	[wàijiāo]	외교
□	网络	[wǎngluò]	그물처럼 생긴 것
□	王子	[wángzǐ]	왕자
□	玩具	[wánjù]	장난감
□	胃	[wèi]	위(장)
□	尾巴	[wěiba]	꼬리, 꽁무니
□	危害	[wēihài]	손상, 훼손
□	围巾	[wéijīn]	목도리, 머플러, 스카프
□	胃口	[wèikǒu]	식욕
□	未来	[wèilái]	미래, 향후
□	委屈	[wěiqu]	억울함, 불평, 불만
□	位置	[wèizhi]	위치
□	文件	[wénjiàn]	공문, 서류
□	文具	[wénjù]	문구, 문방구
□	文明	[wénmíng]	문명
□	文学	[wénxué]	문학
□	文字	[wénzì]	문자, 글자
□	雾	[wù]	안개
□	物理	[wùlǐ]	물리(학)
□	武术	[wǔshù]	무술

5급

☐	物质	[wùzhì]	물질
☐	屋子	[wūzi]	방
☐	夏令营	[xiàlìngyíng]	여름 캠프
☐	县	[xiàn]	현(중국 행정 구획 단위)
☐	现代	[xiàndài]	현대
☐	项	[xiàng]	항목
☐	香肠	[xiāngcháng]	소시지
☐	项链	[xiàngliàn]	목걸이
☐	项目	[xiàngmù]	항목, 종목
☐	象棋	[xiàngqí]	중국 장기
☐	想象	[xiǎngxiàng]	상상
☐	现实	[xiànshí]	현실
☐	现象	[xiànxiàng]	현상
☐	效率	[xiàolǜ]	(작업 등의) 능률
☐	小麦	[xiǎomài]	밀
☐	血	[xuè]	피, 혈액
☐	细节	[xìjié]	자세한 사정, 세부(사항)
☐	戏剧	[xìjù]	희극, 연극
☐	行动	[xíngdòng]	행위, 행동
☐	行人	[xíngrén]	행인

☐	形式	[xíngshì]	형식
☐	形势	[xíngshì]	정세, 상황
☐	行为	[xíngwéi]	행위, 행동
☐	形象	[xíngxiàng]	인상, 이미지
☐	性质	[xìngzhì]	성질
☐	形状	[xíngzhuàng]	형상
☐	信号	[xìnhào]	신호, 사인
☐	心理	[xīnlǐ]	심리
☐	心脏	[xīnzàng]	심장
☐	胸	[xiōng]	가슴
☐	兄弟	[xiōngdì]	형제
☐	系统	[xìtǒng]	계통, 체계
☐	学历	[xuélì]	학력
☐	学术	[xuéshù]	학술
☐	学问	[xuéwen]	학식, 지식
☐	牙齿	[yáchǐ]	이, 치아
☐	押金	[yājīn]	보증금
☐	样式	[yàngshì]	형식, 양식
☐	阳台	[yángtái]	발코니, 베란다
☐	宴会	[yànhuì]	연회, 파티

5급

☐	演讲	[yǎnjiǎng]	강연, 연설
☐	腰	[yāo]	허리
☐	夜	[yè]	밤
☐	业务	[yèwù]	업무
☐	业余	[yèyú]	업무 외, 여가
☐	乙	[yǐ]	을
☐	一辈子	[yíbèizi]	한평생, 일생
☐	以来	[yǐlái]	이래, 동안
☐	银	[yín]	은
☐	硬件	[yìngjiàn]	하드웨어
☐	英雄	[yīngxióng]	영웅
☐	营养	[yíngyǎng]	영양
☐	影子	[yǐngzi]	그림자
☐	因素	[yīnsù]	(구성) 요소, 성분
☐	疑问	[yíwèn]	의문
☐	义务	[yìwù]	의무
☐	意义	[yìyì]	의의
☐	勇气	[yǒngqì]	용기
☐	用途	[yòngtú]	용도
☐	幼儿园	[yòu'éryuán]	유치원, 유아원

check! 1☐ 2☐ 3☐ 4☐ 5☐

☐ 元旦	[yuándàn]	설날, 정월 초하루
☐ 员工	[yuángōng]	직원과 공원, 종업원
☐ 原料	[yuánliào]	원료
☐ 乐器	[yuèqì]	악기
☐ 玉米	[yùmǐ]	옥수수
☐ 运气	[yùnqi]	운수, 운세
☐ 语气	[yǔqì]	말투
☐ 灾害	[zāihài]	재해, 재난
☐ 则	[zé]	규칙, 규정
☐ 长辈	[zhǎngbèi]	집안 어른, 손윗사람
☐ 账户	[zhànghù]	수입 지출의 명세
☐ 战争	[zhànzhēng]	전쟁
☐ 阵	[zhèn]	진. 진지, 진영
☐ 政府	[zhèngfǔ]	정부
☐ 整个	[zhěnggè]	모든 것
☐ 证件	[zhèngjiàn]	증명서
☐ 证据	[zhèngjù]	증거
☐ 整体	[zhěngtǐ]	(한 집단의) 전부, 전체
☐ 政治	[zhèngzhì]	정치
☐ 哲学	[zhéxué]	철학

5급

☐	制度	[zhìdù]	제도
☐	智慧	[zhìhuì]	지혜
☐	支票	[zhīpiào]	수표
☐	秩序	[zhìxù]	질서
☐	志愿者	[zhìyuànzhě]	지원자
☐	执照	[zhízhào]	면허증, 허가증
☐	种类	[zhǒnglèi]	종류
☐	重量	[zhòngliàng]	중량
☐	中心	[zhōngxīn]	한가운데, 중심
☐	中旬	[zhōngxún]	중순
☐	猪	[zhū]	돼지
☐	状况	[zhuàngkuàng]	상황
☐	装饰	[zhuāngshì]	장식(품)
☐	状态	[zhuàngtài]	상태
☐	专家	[zhuānjiā]	전문가
☐	主观	[zhǔguān]	주관
☐	主任	[zhǔrèn]	장, 주임
☐	主人	[zhǔrén]	주인
☐	主题	[zhǔtí]	(문학 작품의) 주제
☐	主席	[zhǔxí]	(회의를 주재하는) 의장

check! 1□ 2□ 3□ 4□ 5□

□ 竹子	[zhúzi]	대나무
□ 资格	[zīgé]	자격
□ 资金	[zījīn]	자금
□ 资料	[zīliào]	자료
□ 字幕	[zìmù]	(영화) 자막
□ 姿势	[zīshì]	자세, 모양
□ 资源	[zīyuán]	자원
□ 总裁	[zǒngcái]	총재, 총수
□ 总理	[zǒnglǐ]	(국가의) 총리
□ 总统	[zǒngtǒng]	총통, 대통령
□ 组	[zǔ]	조, 그룹, 팀
□ 组合	[zǔhé]	조합
□ 最初	[zuìchū]	최초, 처음
□ 作品	[zuòpǐn]	창작품, 작품

5급 동사 动词

☐	爱护	[àihù]	소중히 하다, 잘 보살피다
☐	爱惜	[àixī]	아끼다, 소중히 여기다
☐	安慰	[ānwèi]	위로하다, 안위하다
☐	安装	[ānzhuāng]	(기계 등을) 설치하다
☐	熬夜	[áoyè]	밤새다, 철야하다
☐	摆	[bǎi]	흔들다, 젓다
☐	办理	[bànlǐ]	처리하다, 취급하다
☐	保持	[bǎochí]	유지하다, 지키다
☐	保存	[bǎocún]	보존하다
☐	报到	[bàodào]	도착하였음을 보고하다
☐	包含	[bāohán]	포함하다
☐	包括	[bāokuò]	포괄하다
☐	保留	[bǎoliú]	보존하다, 유지하다
☐	抱怨	[bàoyuàn]	원망하다
☐	把握	[bǎwò]	파악하다
☐	编辑	[biānjí]	편집하다
☐	辩论	[biànlùn]	변론하다, 논쟁하다
☐	表达	[biǎodá]	나타내다, 표현하다

☐	标点	[biāodiǎn]	구두점을 표시하다
☐	表明	[biǎomíng]	분명하게 밝히다, 표명하다
☐	避免	[bìmiǎn]	피하다, (모)면하다
☐	播放	[bōfàng]	방송하다
☐	补充	[bǔchōng]	보충하다
☐	不断	[búduàn]	끊임없다
☐	不如	[bùrú]	~만 못하다
☐	踩	[cǎi]	밟다, 딛다
☐	采访	[cǎifǎng]	탐방하다, 인터뷰하다
☐	参考	[cānkǎo]	참고하다
☐	参与	[cānyù]	참여하다, 참가하다
☐	测验	[cèyàn]	시험하다, 테스트하다
☐	插	[chā]	끼우다, 꽂다
☐	拆	[chāi]	뜯다, 떼어내다
☐	产生	[chǎnshēng]	생기다, 발생하다
☐	抄	[chāo]	베끼다
☐	炒	[chǎo]	(기름 따위로) 볶다
☐	吵架	[chǎojià]	말다툼하다, 다투다
☐	称	[chēng]	부르다, 칭하다
☐	承担	[chéngdān]	맡다, 담당하다

5급

☐	称呼	[chēnghu]	~이라고 부르다
☐	成立	[chénglì]	창립하다, 설립하다
☐	承认	[chéngrèn]	승인하다, 인정하다
☐	承受	[chéngshòu]	받아들이다, 견뎌내다
☐	称赞	[chēngzàn]	칭찬하다, 찬양하다
☐	成长	[chéngzhǎng]	성장하다, 자라다
☐	沉默	[chénmò]	침묵하다
☐	吃亏	[chīkuī]	손해를 보다
☐	持续	[chíxù]	지속하다
☐	冲	[chōng]	(끓는 물 등을) 붓다
☐	重复	[chóngfù]	반복하다, 되풀이하다
☐	充满	[chōngmǎn]	가득 퍼지다, 가득 채우다
☐	抽象	[chōuxiàng]	추상하다
☐	传播	[chuánbō]	전파하다
☐	闯	[chuǎng]	돌진하다
☐	创造	[chuàngzào]	창조하다
☐	传染	[chuánrǎn]	전염하다, 옮다
☐	传说	[chuánshuō]	이리저리 말이 전해지다
☐	出版	[chūbǎn]	출판하다, 발행하다
☐	吹	[chuī]	입으로 힘껏 불다

☐	出口	[chūkǒu]	말을 꺼내다
☐	处理	[chǔlǐ]	처리하다
☐	出示	[chūshì]	포고문을 붙이다
☐	出席	[chūxí]	회의에 참석하다
☐	刺激	[cìjī]	자극하다
☐	辞职	[cízhí]	사직하다
☐	从事	[cóngshì]	종사하다
☐	催	[cuī]	재촉하다
☐	促进	[cùjìn]	촉진시키다
☐	存在	[cúnzài]	존재하다
☐	促使	[cùshǐ]	~하도록 (재촉)하다
☐	达到	[dádào]	달성하다
☐	打工	[dǎgōng]	아르바이트하다
☐	贷款	[dàikuǎn]	(은행에서) 대출하다
☐	代替	[dàitì]	대체하다
☐	待遇	[dàiyù]	대우하다
☐	打交道	[dǎjiāodao]	왕래하다
☐	挡	[dǎng]	막다, 저지하다
☐	当心	[dāngxīn]	조심하다
☐	担任	[dānrèn]	맡다, 담당하다

5급

☐	耽误	[dānwu]	시기를 놓치다
☐	到达	[dàodá]	도달하다
☐	倒霉	[dǎoméi]	재수 없는 일을 당하다
☐	导致	[dǎozhì]	야기하다, 초래하다
☐	打喷嚏	[dǎpēntì]	재채기를 하다
☐	打听	[dǎting]	물어보다
☐	答应	[dāying]	대답하다
☐	等待	[děngdài]	기다리다
☐	登记	[dēngjì]	등기하다, 등록하다
☐	等于	[děngyú]	(수량이) ~와(과) 같다
☐	滴	[dī]	(액체가) 똑똑 떨어지다
☐	递	[dì]	넘겨주다, 건네다
☐	钓	[diào]	낚다, 낚시질하다
☐	顶	[dǐng]	머리로 받치다, 머리에 이다
☐	冻	[dòng]	얼다, 응고되다
☐	逗	[dòu]	놀리다, 골리다
☐	断	[duàn]	(도막으로) 자르다
☐	度过	[dùguò]	(시간을) 보내다
☐	堆	[duī]	(사물이) 쌓이다
☐	对比	[duìbǐ]	대비하다

☐	**对待**	[duìdài]	다루다, 대처하다
☐	**兑换**	[duìhuàn]	환전하다
☐	**独立**	[dúlì]	독립하다
☐	**蹲**	[dūn]	쪼그리고 앉다
☐	**顿**	[dùn]	잠시 멈추다
☐	**躲藏**	[duǒcáng]	숨다, 피하다
☐	**多亏**	[duōkuī]	은혜를 입다, 덕택이다
☐	**发表**	[fābiǎo]	글을 게재하다, 발표하다
☐	**发愁**	[fāchóu]	걱정하다
☐	**发达**	[fādá]	발전(발달)시키다
☐	**发抖**	[fādǒu]	(벌벌) 떨다, 떨리다
☐	**发挥**	[fāhuī]	발휘하다
☐	**罚款**	[fákuǎn]	위약금을 물리다
☐	**发明**	[fāmíng]	발명하다
☐	**翻**	[fān]	뒤집다, 뒤집히다
☐	**反复**	[fǎnfù]	거듭하다, 반복하다
☐	**妨碍**	[fáng'ài]	지장을 주다, 방해하다
☐	**仿佛**	[fǎngfú]	비슷하다, 유사하다
☐	**反映**	[fǎnyìng]	반사하다
☐	**发言**	[fāyán]	의견을 발표하다

☐	非	[fēi]	~이(가) 아니다
☐	分别	[fēnbié]	헤어지다
☐	分布	[fēnbù]	분포하다
☐	奋斗	[fèndòu]	분투하다
☐	讽刺	[fěngcì]	풍자하다
☐	分配	[fēnpèi]	분배하다
☐	分手	[fēnshǒu]	헤어지다
☐	分析	[fēnxī]	분석하다
☐	否定	[fǒudìng]	부정하다
☐	否认	[fǒurèn]	부인하다
☐	扶	[fú]	짚다, 기대다
☐	辅导	[fǔdǎo]	도우며 지도하다
☐	复制	[fùzhì]	복제하다
☐	改革	[gǎigé]	개혁하다
☐	改进	[gǎijìn]	개선하다
☐	概括	[gàikuò]	개괄하다
☐	改善	[gǎishàn]	개선하다
☐	改正	[gǎizhèng]	개정하다, 시정하다
☐	干活儿	[gàn huór]	일을 하다
☐	感激	[gǎnjī]	감격하다

☐	感受	[gǎnshòu]	(영향을) 받다, 감수하다
☐	搞	[gǎo]	하다, 처리하다
☐	告别	[gàobié]	작별 인사를 하다
☐	公布	[gōngbù]	공표하다
☐	恭喜	[gōngxǐ]	축하하다
☐	贡献	[gòngxiàn]	바치다, 헌납하다
☐	构成	[gòuchéng]	구성하다, 짜다
☐	沟通	[gōutōng]	잇다, 연결하다
☐	挂号	[guàhào]	등록하다
☐	怪不得	[guàibude]	탓할 수 없다
☐	拐弯	[guǎiwān]	방향을 틀다
☐	关闭	[guānbì]	닫다
☐	观察	[guānchá]	관찰하다
☐	光临	[guānglín]	광림하시다
☐	归纳	[guīnà]	귀납하다
☐	滚	[gǔn]	구르다, 뒹굴다
☐	过分	[guòfèn]	지나치다, 과분하다
☐	过敏	[guòmǐn]	알레르기 반응을 보이다
☐	过期	[guòqī]	기한을 넘기다
☐	鼓舞	[gǔwǔ]	격려하다

5급

☐	**鼓掌**	[gǔzhǎng]	손뼉을 치다
☐	**喊**	[hǎn]	외치다, 소리치다
☐	**恨**	[hèn]	원망하다
☐	**合影**	[héyǐng]	함께 사진을 찍다
☐	**合作**	[hézuò]	합작하다
☐	**划**	[huà]	(금을) 긋다, 가르다
☐	**怀念**	[huáiniàn]	회상하다, 추억하다
☐	**怀孕**	[huáiyùn]	임신하다
☐	**缓解**	[huǎnjiě]	완화되다, 호전되다
☐	**幻想**	[huànxiǎng]	공상하다, 상상하다
☐	**挥**	[huī]	휘두르다, 흔들다
☐	**恢复**	[huīfù]	회복하다(되다)
☐	**灰心**	[huīxīn]	낙담하다
☐	**忽视**	[hūshì]	소홀히 하다
☐	**胡说**	[húshuō]	헛소리하다
☐	**呼吸**	[hūxī]	호흡하다
☐	**嫁**	[jià]	시집가다
☐	**捡**	[jiǎn]	줍다
☐	**讲究**	[jiǎngjiu]	중요시하다
☐	**建立**	[jiànlì]	창설하다, 건립하다

check! 1□ 2□ 3□ 4□ 5□

□	建设	[jiànshè]	창립하다, 건설하다
□	健身	[jiànshēn]	신체를 건강하게 하다
□	兼职	[jiānzhí]	겸직하다
□	浇	[jiāo]	관개하다, 물을 대다
□	交换	[jiāohuàn]	교환하다
□	交际	[jiāojì]	교제하다
□	交往	[jiāowǎng]	왕래하다
□	教训	[jiàoxùn]	가르치고 타이르다
□	假设	[jiǎshè]	가정하다
□	驾驶	[jiàshǐ]	(자동차 등을) 운전하다
□	假装	[jiǎzhuāng]	가장하다
□	戒	[jiè]	경계하다
□	届	[jiè]	(예정된 때에) 이르다
□	接触	[jiēchù]	닿다, 접촉하다
□	接待	[jiēdài]	접대하다
□	结合	[jiéhé]	결합하다
□	接近	[jiējìn]	접근하다
□	节省	[jiéshěng]	아끼다
□	结账	[jiézhàng]	계산하다, 결산하다
□	及格	[jígé]	합격하다

5급

☐	集合	[jíhé]	집합하다
☐	系领带	[jìlǐngdài]	넥타이를 매다
☐	记录	[jìlù]	기록하다
☐	进步	[jìnbù]	진보하다
☐	经商	[jīngshāng]	장사하다
☐	经营	[jīngyíng]	운영하다
☐	纪念	[jìniàn]	기념하다
☐	进口	[jìnkǒu]	수입하다
☐	尽力	[jìnlì]	전력을 다하다
☐	尽量	[jǐnliàng]	양껏 하다
☐	计算	[jìsuàn]	계산하다, 셈하다
☐	救	[jiù]	구하다
☐	记忆	[jìyì]	기억하다, 떠올리다
☐	集中	[jízhōng]	집중하다, 모으다
☐	捐	[juān]	헌납하다
☐	具备	[jùbèi]	갖추다, 구비하다
☐	决心	[juéxīn]	결심하다, 다짐하다
☐	据说	[jùshuō]	다른 사람의 말에 의하면 ~라 한다
☐	开发	[kāifā]	개발하다, 개척하다

☐	**开放**	[kāifàng]	해제하다, 개방하다
☐	**砍**	[kǎn]	(도끼 등으로) 찍다, 패다
☐	**看不起**	[kànbuqǐ]	얕보다, 깔보다
☐	**看望**	[kànwàng]	방문하다
☐	**靠**	[kào]	기대다
☐	**克服**	[kèfú]	극복하다
☐	**控制**	[kòngzhì]	통제하다
☐	**夸**	[kuā]	칭찬하다
☐	**夸张**	[kuāzhāng]	과장하다
☐	**扩大**	[kuòdà]	확대하다, 넓히다
☐	**拦**	[lán]	가로막다
☐	**朗读**	[lǎngdú]	낭독하다
☐	**劳动**	[láodòng]	육체 노동을 하다
☐	**劳驾**	[láojià]	죄송합니다, 실례합니다
☐	**恋爱**	[liàn'ài]	연애하다
☐	**亮**	[liàng]	환하다, 빛나다
☐	**联合**	[liánhé]	연합하다
☐	**连续**	[liánxù]	연속하다
☐	**离婚**	[líhūn]	이혼하다

5급

☐	理论	[lǐlùn]	(이치에 근거하여) 논쟁하다, (시비를) 따지다
☐	领导	[lǐngdǎo]	지도하다
☐	流传	[liúchuán]	유전하다, 유전되다
☐	浏览	[liúlǎn]	대충 훑어보다
☐	流泪	[liúlèi]	눈물을 흘리다
☐	利用	[lìyòng]	이용하다
☐	漏	[lòu]	(틈이 생겨) 새다
☐	轮流	[lúnliú]	차례로 ~하다
☐	录取	[lùqǔ]	채용하다, 뽑다
☐	录音	[lùyīn]	녹음하다
☐	骂	[mà]	욕하다
☐	满足	[mǎnzú]	만족하다
☐	冒险	[màoxiǎn]	모험하다
☐	面对	[miànduì]	마주 보다, 대면하다
☐	面临	[miànlín]	직면하다
☐	描写	[miáoxiě]	묘사하다
☐	命令	[mìnglìng]	명령하다
☐	摸	[mō]	(손으로) 짚어 보다
☐	模仿	[mófǎng]	모방하다

check! 1☐ 2☐ 3☐ 4☐ 5☐

☐	难免	[nánmiǎn]	면하기 어렵다
☐	念	[niàn]	그리워하다
☐	拍	[pāi]	(손바닥으로) 치다
☐	盼望	[pànwàng]	간절히 바라다
☐	赔偿	[péicháng]	배상하다
☐	佩服	[pèifú]	탄복하다
☐	配合	[pèihé]	협동하다
☐	培训	[péixùn]	양성하다
☐	培养	[péiyǎng]	배양하다
☐	碰	[pèng]	부딪치다
☐	批	[pī]	가부를 알려 주다
☐	披	[pī]	나누다, 분산하다
☐	飘	[piāo]	(바람에) 나부끼다
☐	凭	[píng]	의지하다, 기대다
☐	评价	[píngjià]	평가하다
☐	批准	[pīzhǔn]	비준하다, 허가하다
☐	破产	[pòchǎn]	파산하다
☐	破坏	[pòhuài]	(건축물 등을) 파괴하다
☐	签	[qiān]	서명하다
☐	欠	[qiàn]	빚지다, 모자라다, 부족하다

5급

☐	抢	[qiǎng]	빼앗다
☐	强调	[qiángdiào]	강조하다
☐	瞧	[qiáo]	보다, 구경하다
☐	期待	[qīdài]	기대하다
☐	切	[qiē]	(칼로) 끊다
☐	轻视	[qīngshì]	경시하다
☐	庆祝	[qìngzhù]	경축하다
☐	娶	[qǔ]	장가들다
☐	劝	[quàn]	권하다
☐	确定	[quèdìng]	확정하다
☐	缺乏	[quēfá]	결핍되다
☐	确认	[quèrèn]	확인하다
☐	去世	[qùshì]	돌아가다, 세상을 뜨다
☐	取消	[qǔxiāo]	취소하다
☐	燃烧	[ránshāo]	연소하다, 타다
☐	绕	[rào]	휘감다, 두르다
☐	热爱	[rè'ài]	뜨겁게 사랑하다
☐	忍不住	[rěnbúzhù]	견딜 수 없다
☐	热心	[rèxīn]	열심이다
☐	洒	[sǎ]	(물 등을 땅에) 뿌리다

check! 1□ 2□ 3□ 4□ 5□

□ 杀	[shā]	죽이다
□ 晒	[shài]	햇볕을 쬐다
□ 删除	[shānchú]	빼다, 삭제하다
□ 上当	[shàngdàng]	속다, 꾐에 빠지다
□ 伤害	[shānghài]	(몸을) 상하게 하다
□ 善于	[shànyú]	~을 잘하다
□ 设备	[shèbèi]	갖추다, 설비하다
□ 舍不得	[shěbude]	이별을 아쉬워하다
□ 设计	[shèjì]	설계하다
□ 射击	[shèjī]	사격하다
□ 伸	[shēn]	펴다, 펼치다
□ 升	[shēng]	오르다, 올라가다
□ 生产	[shēngchǎn]	생산하다
□ 省略	[shěnglüè]	생략하다
□ 生长	[shēngzhǎng]	자라다
□ 摄影	[shèyǐng]	사진을 찍다
□ 失眠	[shīmián]	잠을 이루지 못하다
□ 失去	[shīqù]	잃다, 잃어버리다
□ 实习	[shíxí]	실습하다
□ 实现	[shíxiàn]	실현하다

5급

实验	[shíyàn]	실험하다
失业	[shīyè]	실업하다, 직업을 잃다
收获	[shōuhuò]	수확하다
受伤	[shòushāng]	부상당하다
数	[shǔ]	세다, 헤아리다
摔倒	[shuāidǎo]	쓰러지다, 넘어지다
说服	[shuōfú]	설복하다, 설득하다
输入	[shūrù]	입력하다
属于	[shǔyú]	~에 속하다
撕	[sī]	(손으로) 찢다
思考	[sīkǎo]	사고하다
思想	[sīxiǎng]	생각하다, 고려하다
搜索	[sōusuǒ]	검색하다
碎	[suì]	부서지다, 깨지다
随身	[suíshēn]	곁에 따라다니다
损失	[sǔnshī]	소모하다, 소비하다
缩短	[suōduǎn]	단축하다
谈判	[tánpàn]	담판하다
逃	[táo]	도망치다, 달아나다
逃避	[táobì]	도피하다

☐	调整	[tiáozhěng]	조정하다
☐	提倡	[tíchàng]	제창하다
☐	体会	[tǐhuì]	체득하다
☐	体贴	[tǐtiē]	자상하게 돌보다
☐	提问	[tíwèn]	질문하다
☐	体现	[tǐxiàn]	구현하다
☐	体验	[tǐyàn]	체험하다
☐	统一	[tǒngyī]	통일하다
☐	偷	[tōu]	훔치다, 도둑질하다
☐	投入	[tóurù]	돌입하다
☐	投资	[tóuzī]	투자하다
☐	吐	[tù]	토하다
☐	突出	[tūchū]	돌파하다
☐	退	[tuì]	물러나다
☐	退步	[tuìbù]	퇴보하다
☐	推辞	[tuīcí]	거절하다
☐	推广	[tuīguǎng]	널리 보급하다
☐	推荐	[tuījiàn]	추천하다
☐	退休	[tuìxiū]	퇴직하다
☐	往返	[wǎngfǎn]	왕복하다, 오가다

5급

☐	违反	[wéifǎn]	위반하다
☐	围绕	[wéirào]	주위를 돌다
☐	微笑	[wēixiào]	미소짓다
☐	威胁	[wēixié]	위협하다
☐	维修	[wéixiū]	수리하다
☐	位于	[wèiyú]	~에 위치하다
☐	闻	[wén]	냄새를 맡다, 듣다
☐	吻	[wěn]	입맞춤하다, 키스하다
☐	问候	[wènhòu]	안부를 묻다
☐	握手	[wòshǒu]	악수하다
☐	无奈	[wúnài]	어찌 해 볼 도리가 없다
☐	系	[xì]	묶다, 매다
☐	瞎	[xiā]	눈이 멀다, 실명하다
☐	吓	[xià]	무서워하다
☐	显得	[xiǎnde]	드러나다, ~인 것 같다
☐	相处	[xiāngchǔ]	함께 살다
☐	相当	[xiāngdāng]	엇비슷하다, 대등하다, 상당하다, 맞먹다
☐	相对	[xiāngduì]	마주하다, 상대하다,
☐	相关	[xiāngguān]	상관되다

☐	想念	[xiǎngniàn]	그리워하다
☐	享受	[xiǎngshòu]	누리다, 즐기다
☐	象征	[xiàngzhēng]	상징하다
☐	显示	[xiǎnshì]	분명하게 표현하다
☐	限制	[xiànzhì]	제한하다
☐	消费	[xiāofèi]	소비하다
☐	消化	[xiāohuà]	소화하다
☐	消失	[xiāoshī]	자취를 감추다
☐	销售	[xiāoshòu]	팔다, 판매하다
☐	孝顺	[xiàoshùn]	효도하다
☐	下载	[xiàzài]	다운로드하다
☐	歇	[xiē]	휴식하다, 쉬다
☐	写作	[xiězuò]	글을 짓다
☐	形成	[xíngchéng]	형성되다
☐	形容	[xíngróng]	형용하다
☐	信任	[xìnrèn]	신임하다
☐	欣赏	[xīnshǎng]	감상하다
☐	吸取	[xīqǔ]	흡수하다
☐	吸收	[xīshōu]	섭취하다
☐	修改	[xiūgǎi]	(원고를) 고치다

□	休闲	[xiūxián]	한가롭게 보내다
□	宣布	[xuānbù]	선포하다
□	宣传	[xuānchuán]	선전하다
□	训练	[xùnliàn]	훈련하다
□	询问	[xúnwèn]	알아보다, 물어보다
□	寻找	[xúnzhǎo]	찾다, 구하다
□	叙述	[xùshù]	서술하다
□	延长	[yáncháng]	연장하다, 늘이다
□	摇	[yáo]	흔들다
□	咬	[yǎo]	물다, 깨물다, 베물다, 떼어 먹다
□	移动	[yídòng]	옮기다, 움직이다
□	遗憾	[yíhàn]	유감이다
□	议论	[yìlùn]	의논하다
□	移民	[yímín]	이민하다
□	应付	[yìngfu]	대응하다
□	迎接	[yíngjiē]	영접하다
□	营业	[yíngyè]	영업하다
□	应用	[yìngyòng]	응용하다
□	印刷	[yìnshuā]	인쇄하다

☐	**依然**	[yīrán]	여전하다
☐	**拥抱**	[yōngbào]	포옹하다, 껴안다
☐	**用功**	[yònggōng]	노력하다
☐	**游览**	[yóulǎn]	유람하다
☐	**油炸**	[yóuzhá]	기름에 튀기다
☐	**预报**	[yùbào]	예보하다
☐	**预订**	[yùdìng]	예약하다
☐	**预防**	[yùfáng]	예방하다
☐	**娱乐**	[yúlè]	오락하다
☐	**运输**	[yùnshū]	운송하다
☐	**运用**	[yùnyòng]	운용하다
☐	**在乎**	[zàihu]	~에 있다, 마음속에 두다
☐	**在于**	[zàiyú]	~에 있다, ~에 달려 있다
☐	**赞成**	[zànchéng]	찬성하다
☐	**赞美**	[zànměi]	찬양하다
☐	**造成**	[zàochéng]	형성하다
☐	**责备**	[zébèi]	책하다, 탓하다
☐	**摘**	[zhāi]	(잎 등을) 따다, 꺾다, 뜯다
☐	**占**	[zhàn]	차지하다
☐	**涨**	[zhǎng]	(물가 등이) 오르다

5급

☐	掌握	[zhǎngwò]	숙달하다
☐	展开	[zhǎnkāi]	펴다, 펼치다
☐	展览	[zhǎnlǎn]	전람하다
☐	粘贴	[zhāntiē]	(풀 따위로) 붙이다
☐	照常	[zhàocháng]	평소대로 하다
☐	招待	[zhāodài]	접대하다
☐	着火	[zháohuǒ]	불나다, 불붙다
☐	召开	[zhàokāi]	(회의를) 열다
☐	着凉	[zháoliáng]	감기에 걸리다
☐	振动	[zhèndòng]	진동하다
☐	诊断	[zhěnduàn]	진단하다
☐	针对	[zhēnduì]	겨누다
☐	睁	[zhēng]	(눈을) 크게 뜨다
☐	挣	[zhèng]	(돈을) 노력하여 벌다
☐	争论	[zhēnglùn]	변론하다
☐	征求	[zhēngqiú]	탐방하여 구하다
☐	争取	[zhēngqǔ]	쟁취하다
☐	珍惜	[zhēnxī]	소중히 여기다
☐	支	[zhī]	받치다, 세우다
☐	指导	[zhǐdǎo]	지도하다

check! 1☐ 2☐ 3☐ 4☐ 5☐

☐	制定	[zhìdìng]	제정하다
☐	指挥	[zhǐhuī]	지휘하다
☐	治疗	[zhìliáo]	치료하다
☐	至于	[zhìyú]	~의 정도에 이르다
☐	制造	[zhìzào]	제조하다
☐	制作	[zhìzuò]	제작하다
☐	中介	[zhōngjiè]	중개하다
☐	煮	[zhǔ]	삶다, 끓이다
☐	抓	[zhuā]	(손가락으로) 꽉 쥐다
☐	抓紧	[zhuājǐn]	꽉 쥐다, 단단히 잡다
☐	转变	[zhuǎnbiàn]	바꾸다, 바뀌다
☐	装	[zhuāng]	싣다, 꾸리다
☐	撞	[zhuàng]	부딪치다
☐	转告	[zhuǎngào]	전언하다
☐	装修	[zhuāngxiū]	장식하고 꾸미다
☐	注册	[zhùcè]	등록하다
☐	主持	[zhǔchí]	주관하다
☐	祝福	[zhùfú]	축복하다
☐	追	[zhuī]	뒤쫓다
☐	追求	[zhuīqiú]	추구하다

5급

☐	主张	[zhǔzhāng]	주장하다
☐	自觉	[zìjué]	자각하다
☐	咨询	[zīxún]	자문하다
☐	自愿	[zìyuàn]	자원하다
☐	综合	[zōnghé]	종합하다
☐	组成	[zǔchéng]	짜다, 조성하다
☐	醉	[zuì]	취하다
☐	尊敬	[zūnjìng]	존경하다
☐	遵守	[zūnshǒu]	(규정 등을) 준수하다
☐	作为	[zuòwéi]	~로 여기다
☐	作文	[zuòwén]	작문하다
☐	阻止	[zǔzhǐ]	저지하다
☐	组织	[zǔzhī]	조직하다

5급 형용사 形容词

☐	暗	[àn]	어둡다
☐	安慰	[ānwèi]	위로가 되다
☐	薄	[báo]	엷다, 얇다
☐	宝贵	[bǎoguì]	진귀한, 귀중한
☐	悲观	[bēiguān]	비관적이다
☐	便	[biàn]	편리하다
☐	必然	[bìrán]	필연적이다
☐	必要	[bìyào]	필요로 하다
☐	不安	[bù'ān]	불안하다
☐	不得了	[bùdéliǎo]	야단났다
☐	不耐烦	[búnàifán]	귀찮다, 성가시다
☐	不要紧	[bùyàojǐn]	괜찮다
☐	不足	[bùzú]	부족하다
☐	惭愧	[cánkuì]	부끄럽다
☐	长途	[chángtú]	장거리의
☐	吵	[chǎo]	시끄럽다, 떠들썩하다
☐	超级	[chāojí]	최상급의
☐	潮湿	[cháoshī]	습하다, 축축하다

5급

☐	彻底	[chèdǐ]	철저하다
☐	诚恳	[chéngkěn]	진실하다, 간절하다
☐	成熟	[chéngshú]	성숙하다
☐	充分	[chōngfèn]	충분하다
☐	丑	[chǒu]	추하다, 못생기다
☐	臭	[chòu]	(냄새가) 지독하다
☐	抽象	[chōuxiàng]	추상적이다
☐	初级	[chūjí]	초급의
☐	出色	[chūsè]	특별히 좋다
☐	次要	[cìyào]	부차적인, 이차적인
☐	匆忙	[cōngmáng]	매우 바쁘다
☐	粗糙	[cūcāo]	거칠다, 까칠까칠하다
☐	大方	[dàfang]	(언행이) 시원시원하다
☐	呆	[dāi]	(머리가) 둔하다
☐	淡	[dàn]	(맛이) 싱겁다
☐	单纯	[dānchún]	단순하다
☐	单调	[dāndiào]	단조롭다
☐	倒霉	[dǎoméi]	재수 없다
☐	大型	[dàxíng]	대형의
☐	地道	[dìdao]	순수하다

check! 1☐ 2☐ 3☐ 4☐ 5☐

☐	多余	[duōyú]	여분의, 나머지의
☐	独特	[dútè]	독특하다
☐	恶劣	[èliè]	아주 나쁘다, 열악하다
☐	繁荣	[fánróng]	번창하다
☐	非	[fēi]	좋지 않다, 엉망이다
☐	纷纷	[fēnfēn]	흩날리다
☐	疯狂	[fēngkuáng]	미치다, 실성하다
☐	干脆	[gāncuì]	(언행이) 명쾌하다
☐	干燥	[gānzào]	건조하다
☐	高档	[gāodàng]	고급의, 상등의
☐	高级	[gāojí]	고급인
☐	个别	[gèbié]	개개의, 개별적인
☐	公开	[gōngkāi]	공개적인
☐	公平	[gōngpíng]	공평하다
☐	乖	[guāi]	(어린아이가) 얌전하다
☐	广大	[guǎngdà]	광대하다, 넓다
☐	广泛	[guǎngfàn]	광범위하다, 폭넓다
☐	光滑	[guānghuá]	매끌매끌하다
☐	光明	[guāngmíng]	밝게 빛나다, 환하다
☐	古典	[gǔdiǎn]	고전의

5급

☐	固定	[gùdìng]	고정되다
☐	豪华	[háohuá]	(생활이) 호화스럽다
☐	好客	[hàokè]	손님 접대를 좋아하다
☐	好奇	[hàoqí]	호기심을 갖다
☐	合法	[héfǎ]	합법적이다
☐	合理	[hélǐ]	합리적이다
☐	滑	[huá]	반들반들하다
☐	慌张	[huāngzhāng]	당황하다
☐	活跃	[huóyuè]	활동적이다
☐	糊涂	[hútu]	어리석다
☐	艰巨	[jiānjù]	어렵고 힘들다
☐	坚决	[jiānjué]	단호하다
☐	艰苦	[jiānkǔ]	어렵고 고달프다
☐	坚强	[jiānqiáng]	굳세다
☐	狡猾	[jiǎohuá]	교활하다
☐	基本	[jīběn]	기본적인
☐	激烈	[jīliè]	격렬하다
☐	寂寞	[jìmò]	외롭다, 쓸쓸하다
☐	紧急	[jǐnjí]	긴급하다, 긴박하다
☐	谨慎	[jǐnshèn]	(언행이) 신중하다

☐	巨大	[jùdà]	(규모 등이) 아주 크다
☐	绝对	[juéduì]	절대적인
☐	均匀	[jūnyún]	균등하다, 고르다
☐	具体	[jùtǐ]	구체적이다
☐	客观	[kèguān]	객관적이다
☐	可靠	[kěkào]	확실하다
☐	刻苦	[kèkǔ]	몹시 애를 쓰다
☐	可怕	[kěpà]	두렵다, 무섭다
☐	宽	[kuān]	(폭이) 넓다
☐	烂	[làn]	썩다, 부패하다
☐	老实	[lǎoshi]	성실하다, 솔직하다
☐	乐观	[lèguān]	낙관적이다
☐	冷淡	[lěngdàn]	쌀쌀하다, 냉담하다
☐	亮	[liàng]	밝다, 빛나다
☐	良好	[liánghǎo]	좋다, 양호하다
☐	了不起	[liǎobuqǐ]	놀랄 만하다
☐	灵活	[línghuó]	민첩하다
☐	临时	[línshí]	잠시의, 일시적인
☐	落后	[luòhòu]	낙후되다, 뒤떨어지다
☐	矛盾	[máodùn]	모순적이다

5급

☐	苗条	[miáotiao]	아름답고 날씬하다
☐	敏感	[mǐngǎn]	민감하다
☐	明确	[míngquè]	명확하다
☐	明显	[míngxiǎn]	뚜렷하다
☐	密切	[mìqiè]	(관계가) 밀접하다
☐	模糊	[móhu]	모호하다, 분명하지 않다
☐	陌生	[mòshēng]	생소하다, 낯설다
☐	嫩	[nèn]	연하다, 여리다
☐	能干	[nénggàn]	유능하다, 솜씨 있다
☐	浓	[nóng]	진하다, 농후하다
☐	匹	[pǐ]	단독의, 혼자의
☐	片面	[piànmiàn]	일방적이다
☐	疲劳	[píláo]	피곤하다, 지치다
☐	平	[píng]	평평하다, 고르다
☐	平安	[píng'ān]	평안하다
☐	平等	[píngděng]	평등한 대우를 받다
☐	平衡	[pínghéng]	(무게가) 균형이 맞다
☐	平静	[píngjìng]	조용하다, 차분하다
☐	平均	[píngjūn]	평균의, 균등한
☐	迫切	[pòqiè]	절박하다, 다급하다

☐	浅	[qiǎn]	얕다
☐	强烈	[qiángliè]	강렬하다
☐	谦虚	[qiānxū]	겸손하다
☐	巧妙	[qiǎomiào]	교묘하다
☐	亲爱	[qīn'ài]	친애하다
☐	勤奋	[qínfèn]	꾸준하다, 부지런하다
☐	青	[qīng]	푸르다
☐	清淡	[qīngdàn]	(음식이) 담백하다
☐	轻易	[qīngyì]	제멋대로이다
☐	亲切	[qīnqiè]	친절하다
☐	热烈	[rèliè]	열렬하다
☐	日常	[rìcháng]	일상의, 평소의
☐	软	[ruǎn]	부드럽다, 연하다
☐	弱	[ruò]	허약하다, 약하다
☐	傻	[shǎ]	어리석다
☐	善良	[shànliáng]	선량하다, 착하다
☐	生动	[shēngdòng]	생동감 있다
☐	深刻	[shēnkè]	(인상이) 깊다
☐	神秘	[shénmì]	신비하다
☐	时髦	[shímáo]	유행이다, 최신식이다

5급

☐	湿润	[shīrùn]	축축하다
☐	实用	[shíyòng]	실용적이다
☐	熟练	[shúliàn]	능숙하다
☐	舒适	[shūshì]	편안하다
☐	私人	[sīrén]	개인간의
☐	烫	[tàng]	몹시 뜨겁다
☐	坦率	[tǎnshuài]	솔직하다
☐	淘气	[táoqì]	장난이 심하다
☐	特殊	[tèshū]	특수하다
☐	天真	[tiānzhēn]	천진하다
☐	调皮	[tiáopí]	장난스럽다
☐	痛快	[tòngkuài]	통쾌하다
☐	透明	[tòumíng]	투명하다
☐	歪	[wāi]	비뚤다, 삐딱하다
☐	完美	[wánměi]	흠잡을 데가 없다
☐	完善	[wánshàn]	나무랄 데가 없다
☐	完整	[wánzhěng]	완전하다
☐	伟大	[wěidà]	위대하다
☐	委屈	[wěiqu]	억울하다
☐	唯一	[wéiyī]	유일한

check! 1☐ 2☐ 3☐ 4☐ 5☐

☐	稳定	[wěndìng]	안정되다
☐	温暖	[wēnnuǎn]	따뜻하다, 온난하다
☐	温柔	[wēnróu]	부드럽고 상냥하다
☐	无数	[wúshù]	수를 헤아릴 수 없다
☐	相似	[xiāngsì]	닮다, 비슷하다
☐	显然	[xiǎnrán]	명백하다, 뚜렷하다
☐	现实	[xiànshí]	현실적이다
☐	鲜艳	[xiānyàn]	산뜻하고 아름답다
☐	消极	[xiāojí]	소극적이다
☐	小气	[xiǎoqi]	인색하다, 쩨쩨하다
☐	孝顺	[xiàoshùn]	효성스럽다
☐	斜	[xié]	기울다, 비스듬하다
☐	形象	[xíngxiàng]	생동적이다, 생생하다, 구체적이다
☐	幸运	[xìngyùn]	운이 좋다, 행운이다
☐	迅速	[xùnsù]	신속하다
☐	虚心	[xūxīn]	겸손하다
☐	痒	[yǎng]	가렵다, 간지럽다
☐	严肃	[yánsù]	엄숙하다
☐	一律	[yílǜ]	일률적이다, 한결같다

5급

☐	硬	[yìng]	단단하다, 딱딱하다
☐	英俊	[yīngjùn]	재능이 출중하다
☐	意外	[yìwài]	의외의, 뜻밖의
☐	一致	[yízhì]	일치하다
☐	优惠	[yōuhuì]	특혜의, 우대의
☐	悠久	[yōujiǔ]	유구하다, 아득하게 오래다
☐	优美	[yōuměi]	우아하고 아름답다
☐	犹豫	[yóuyù]	머뭇거리다
☐	圆	[yuán]	둥글다
☐	晕	[yūn]	어지럽다
☐	糟糕	[zāogāo]	못 쓰게 되다, 망치다
☐	窄	[zhǎi]	(폭이) 좁다
☐	正	[zhèng]	바르다
☐	整齐	[zhěngqí]	정연하다
☐	真实	[zhēnshí]	진실하다
☐	直	[zhí]	곧다
☐	重大	[zhòngdà]	중대하다
☐	周到	[zhōudào]	세심하다
☐	专心	[zhuānxīn]	전심전력하다
☐	主动	[zhǔdòng]	주동적인

紫	[zǐ]	자색의, 자줏빛의
自动	[zìdòng]	자발적인
自豪	[zìháo]	스스로 긍지를 느끼다
自私	[zìsī]	이기적이다
自由	[zìyóu]	자유롭다

5급 부사 副词

☐	毕竟	[bìjìng]	결국, 끝내, 필경
☐	迟早	[chízǎo]	조만간, 머지않아
☐	从此	[cóngcǐ]	지금부터, 이제부터, 이후로
☐	单独	[dāndú]	단독으로, 혼자서
☐	的确	[díquè]	확실히, 분명히
☐	反而	[fǎn'ér]	반대로, 도리어, 오히려
☐	仿佛	[fǎngfú]	마치 ~인 것 같다
☐	反正	[fǎnzhèng]	아무튼, 어떻든, 어쨌든
☐	赶紧	[gǎnjǐn]	서둘러, 재빨리
☐	赶快	[gǎnkuài]	황급히, 다급하게
☐	格外	[géwài]	각별히, 유달리
☐	果然	[guǒrán]	과연, 아니나 다를까
☐	何必	[hébì]	구태여 ~할 필요가 없다
☐	或许	[huòxǔ]	아마, 어쩌면
☐	忽然	[hūrán]	갑자기, 홀연, 별안간
☐	简直	[jiǎnzhí]	그야말로, 너무나
☐	基本	[jīběn]	대체로, 거의, 기본적으로
☐	急忙	[jímáng]	급히, 황급히, 바삐

check! 1☐ 2☐ 3☐ 4☐ 5☐

☐	尽快	[jǐnkuài]	되도록 빨리
☐	极其	[jíqí]	아주, 지극히, 몹시
☐	绝对	[juéduì]	완전히, 절대로, 반드시
☐	居然	[jūrán]	뜻밖에, 놀랍게도
☐	烂	[làn]	몹시, 완전히
☐	连忙	[liánmáng]	얼른, 급히, 재빨리
☐	立即	[lìjí]	곧, 즉시, 바로
☐	立刻	[lìkè]	곧, 즉시, 금방
☐	陆续	[lùxù]	끊임없이, 연이어
☐	难怪	[nánguài]	어쩐지, 과연
☐	宁可	[nìngkě]	차라리 ~할지언정
☐	偶然	[ǒurán]	우연히, 뜻밖에
☐	悄悄	[qiāoqiāo]	은밀히, 몰래
☐	亲自	[qīnzì]	직접, 손수
☐	说不定	[shuōbúdìng]	아마, 짐작컨대
☐	丝毫	[sīháo]	조금도, 추호도
☐	似乎	[sìhū]	마치 (~인 것 같다)
☐	随时	[suíshí]	수시로, 언제나
☐	随手	[suíshǒu]	~하는 김에
☐	万一	[wànyī]	만일에, 만약에

5급

☐	未必	[wèibì]	반드시 ~한 것은 아니다
☐	勿	[wù]	~해서는 안 된다, ~하지 마라
☐	相当	[xiāngdāng]	상당히, 무척
☐	相对	[xiāngduì]	비교적, 상대적으로
☐	幸亏	[xìngkuī]	다행히, 요행으로
☐	一旦	[yídàn]	만약 ~한다면
☐	一再	[yízài]	수차, 거듭
☐	再三	[zàisān]	재삼, 거듭, 여러 번
☐	至今	[zhìjīn]	지금까지, 여태껏
☐	逐步	[zhúbù]	한 걸음 한 걸음, 점차
☐	逐渐	[zhújiàn]	점점, 점차
☐	总共	[zǒnggòng]	모두, 전부, 도합
☐	总算	[zǒngsuàn]	겨우, 간신히

5급 기타 其他

양사

册	[cè]	권, 책
滴	[dī]	방울
顶	[dǐng]	개, 채, 장(꼭대기가 있는 물건을 세는 단위)
堆	[duī]	무더기, 더미, 무리, 떼
吨	[dūn]	톤(ton)
顿	[dùn]	번, 차례, 끼, 바탕
朵	[duǒ]	송이, 조각, 점
方	[fāng]	제곱, 세제곱
幅	[fú]	폭
根	[gēn]	개, 가닥, 대(가늘고 긴 것)
届	[jiè]	회(回), 기(期), 차(次)
克	[kè]	그램
颗	[kē]	알
厘米	[límǐ]	센티미터
派	[pài]	파(파벌)
盆	[pén]	대야 등으로 담는 수량

5급

☐	批	[pī]	무리, 떼, 패, 무더기
☐	匹	[pǐ]	필(비단·천 등)
☐	片	[piàn]	편평하고 얇은 모양의 것
☐	群	[qún]	무리, 떼
☐	升	[shēng]	리터(liter)
☐	首	[shǒu]	수(시·노래 등)
☐	丝毫	[sīháo]	데시밀리와 밀리
☐	所	[suǒ]	채, 동(집·건물)
☐	套	[tào]	벌, 조, 세트
☐	团	[tuán]	뭉치, 덩어리, 덩이
☐	项	[xiàng]	가지, 항목, 조항
☐	圆	[yuán]	위안(중국의 화폐 단위)
☐	则	[zé]	조항, 문제, 편
☐	阵	[zhèn]	바탕, 차례
☐	支	[zhī]	자루, 개피
☐	组	[zǔ]	조, 짝, 벌, 세트

개사

☐	朝	[cháo]	~을 향하여
☐	趁	[chèn]	~을 틈타

check! 1☐ 2☐ 3☐ 4☐ 5☐

☐	除非	[chúfēi]	~을 제외하고는
☐	凭	[píng]	~에 의거하여
☐	至于	[zhìyú]	~으로 말하면
☐	自从	[zìcóng]	~에서, ~부터

접속사

☐	不然	[bùrán]	그렇지 않으면
☐	不如	[bùrú]	~하는 편이 낫다
☐	除非	[chúfēi]	~한다면 몰라도
☐	从而	[cóng'ér]	따라서, 그렇게 함으로써
☐	反而	[fǎn'ér]	반대로, 도리어, 거꾸로
☐	果然	[guǒrán]	만약 ~한다면
☐	何况	[hékuàng]	더군다나, 하물며
☐	假如	[jiǎrú]	만약, 만일, 가령
☐	可见	[kějiàn]	~라는 것을 알 수 있다
☐	哪怕	[nǎpà]	설령(비록) ~라 해도
☐	凭	[píng]	설령(설사) ~이라 할지라도
☐	万一	[wànyī]	만일, 혹시라도
☐	无奈	[wúnài]	유감스럽게도
☐	要不	[yàobù]	그렇지 않으면

5급

☐	以及	[yǐjí]	및, 그리고, 아울러
☐	因而	[yīn'ér]	그러므로, 그런 까닭에
☐	与其	[yǔqí]	~하기보다는, ~하느니
☐	则	[zé]	~하자 ~하다
☐	总之	[zǒngzhī]	총괄하면, 한마디로 말하면

수사

☐	念	[niàn]	20의 갖은자
☐	亿	[yì]	억

대명사

☐	彼此	[bǐcǐ]	피차, 상호, 서로, 쌍방
☐	个人	[gèrén]	나(자신), 저(개인)
☐	各自	[gèzì]	각자, 제각기
☐	某	[mǒu]	아무, 어느, 모, 어떤 사람
☐	其余	[qíyú]	나머지, 남은 것
☐	如何	[rúhé]	어떠한가, 어떠하냐

감탄사

☐	哎	[āi]	(놀람 · 반가움) 에! 야!

check! 1☐ 2☐ 3☐ 4☐ 5☐

	唉	[āi]	(탄식하는 소리) 후, 에그
☐	嗯	[èng]	응, 그래
☐	哈	[hā]	아하! 오! 거봐! 와!

접사

☐	非	[fēi]	아님을 나타냄 *非科学(비과학적)
☐	首	[shǒu]	위치를 나타냄 *上首(위쪽)

조사

☐	似的	[shìde]	~와 같다, ~와 비슷하다
☐	所	[suǒ]	~되다, ~하는 바

☐	不见得	[bújiànde]	반드시 ~한 것은 아니다
☐	踩	[cǎi]	인터넷 게시물의 반대한다는 뜻, 顶의 반대말
☐	使劲儿	[shǐjìnr]	힘내! 힘껏!
☐	讨价还价	[tǎojiàhuánjià]	값을 흥정하다
☐	无所谓	[wúsuǒwèi]	상관없다, 개의치 않다
☐	哈	[hā]	하하(크게 웃는 소리)

신 한 어 수 평 고 시

PART 6

6급 단어

중국어로 되어 있는 정보를 듣거나 읽을 수 있으며,
자신의 생각을 글 또는 말로 표현할 수 있는 수준

6급 명사 名词

□	癌症	[áizhèng]	암의 통칭
□	案件	[ànjiàn]	(법률상의) 사건, 안건
□	案例	[ànlì]	사례, 구체적인 예
□	疤	[bā]	상처, 흉터
□	霸道	[bàdào]	패도
□	斑	[bān]	얼룩, 반점
□	版本	[bǎnběn]	판본
□	磅	[bàng]	(중량단위) 파운드
□	榜样	[bǎngyàng]	모범, 본보기
□	伴侣	[bànlǚ]	배우자, 반려자
□	报酬	[bàochou]	보수, 대가
□	抱负	[bàofù]	포부, 큰 뜻
□	包袱	[bāofu]	부담, 짐
□	报复	[bàofù]	보복, 앙갚음
□	暴力	[bàolì]	폭력
□	保姆	[bǎomǔ]	보모, 가정부
□	把手	[bǎshou]	손잡이, 핸들
□	被告	[bèigào]	피고, 피고인

☐	北极	[běijí]	북극
☐	贝壳	[bèiké]	조가비
☐	备忘录	[bèiwànglù]	회의록
☐	本能	[běnnéng]	본능
☐	本钱	[běnqián]	본전, 원금
☐	本人	[běnrén]	본인
☐	本身	[běnshēn]	그 자신, 그 자체
☐	本事	[běnshì]	능력, 재능
☐	臂	[bì]	팔
☐	变故	[biàngù]	변고, 재난
☐	边疆	[biānjiāng]	변방
☐	边界	[biānjiè]	(지역 간의) 경계선
☐	边境	[biānjìng]	국경지대
☐	便条	[biàntiáo]	메모, 쪽지
☐	贬义	[biǎnyì]	(글에 담긴) 부정적이거나 혐오적인 의미
☐	边缘	[biānyuán]	가장자리 부분, 가
☐	辫子	[biànzi]	땋은 머리, 변발
☐	标本	[biāoběn]	표본
☐	标记	[biāojì]	표기

6급

☐	标题	[biāotí]	표제, 제목
☐	弊病	[bìbìng]	문제점
☐	弊端	[bìduān]	폐단, 폐해
☐	别墅	[biéshù]	별장
☐	比方	[bǐfang]	비유, 예
☐	丙	[bǐng]	(순서·등급에서) 세 번째
☐	冰雹	[bīngbáo]	우박
☐	鼻涕	[bítì]	콧물
☐	比喻	[bǐyù]	비유(법)
☐	比重	[bǐzhòng]	비중
☐	波浪	[bōlàng]	파도, 물결
☐	博览会	[bólǎnhuì]	박람회
☐	伯母	[bómǔ]	큰어머니
☐	波涛	[bōtāo]	파도
☐	步伐	[bùfá]	대오의 보조
☐	布告	[bùgào]	게시문, 포고문
☐	布局	[bùjú]	구도, 짜임새
☐	补贴	[bǔtiē]	보조금, 수당
☐	部位	[bùwèi]	(인체) 부위
☐	裁缝	[cáifeng]	재봉사

☐	财富	[cáifù]	부(富), 재산
☐	才干	[cáigàn]	능력, 재간
☐	采购	[cǎigòu]	구매 담당 직원, 구매원
☐	裁判	[cáipàn]	심판
☐	彩票	[cǎipiào]	복권
☐	财务	[cáiwù]	재무, 재정
☐	财政	[cáizhèng]	재정
☐	舱	[cāng]	객실, 선실
☐	仓库	[cāngkù]	창고, 곳간
☐	残疾	[cánjí]	불구, 장애
☐	参谋	[cānmóu]	참모
☐	草案	[cǎo'àn]	초안
☐	策划	[cèhuà]	기획자
☐	测量	[cèliáng]	측량, 측정
☐	策略	[cèlüè]	책략, 전술
☐	侧面	[cèmiàn]	옆면, 측면
☐	层次	[céngcì]	단계, 순서
☐	柴油	[cháiyóu]	중유, 디젤유
☐	刹那	[chànà]	찰나, 순간
☐	场合	[chǎnghé]	특정한 시간(경우)

6급

☐	场面	[chǎngmiàn]	(연극 등의) 장면
☐	场所	[chǎngsuǒ]	장소
☐	产业	[chǎnyè]	산업
☐	朝代	[cháodài]	왕조의 연대
☐	潮流	[cháoliú]	조류
☐	钞票	[chāopiào]	지폐, 돈
☐	巢穴	[cháoxué]	(새나 짐승의) 집
☐	插座	[chāzuò]	콘센트, 소켓
☐	橙	[chéng]	오렌지나무
☐	秤	[chèng]	저울
☐	城堡	[chéngbǎo]	(보루식의) 작은 성
☐	成本	[chéngběn]	원가, 자본금
☐	称号	[chēnghào]	(주로 영광스런) 칭호
☐	成天	[chéngtiān]	하루 종일, 온종일
☐	成效	[chéngxiào]	효능, 효과
☐	成员	[chéngyuán]	성원, 구성원
☐	赤道	[chìdào]	적도
☐	赤字	[chìzì]	적자, 결손
☐	冲动	[chōngdòng]	충동
☐	船舶	[chuánbó]	배, 선박

check! 1□ 2□ 3□ 4□ 5□

□	传单	[chuándān]	전단지
□	床单	[chuángdān]	침대 시트
□	创新	[chuàngxīn]	창의성
□	锤	[chuí]	추, 쇠망치
□	炊烟	[chuīyān]	밥 짓는 연기
□	处境	[chǔjìng]	처지, 상태
□	出路	[chūlù]	발전의 여지, 활로
□	出身	[chūshēn]	신분, 출신
□	出息	[chūxi]	장래성
□	磁带	[cídài]	자기 테이프
□	次品	[cìpǐn]	질이 낮은 물건
□	雌雄	[cíxióng]	자웅, 암컷과 수컷
□	次序	[cìxù]	차례, 순서
□	丛	[cóng]	덤불, 수풀
□	挫折	[cuòzhé]	좌절, 실패
□	大臣	[dàchén]	대신, 중신
□	代价	[dàijià]	대가
□	歹徒	[dǎitú]	악인, 나쁜 사람
□	蛋白质	[dànbáizhì]	단백질
□	诞辰	[dànchén]	탄신, 생일

6급

☐	党	[dǎng]	당, 정당
☐	档案	[dàng'àn]	(공)문서
☐	当初	[dāngchū]	당초, 애초
☐	档次	[dàngcì]	(품질 등의) 등급
☐	当代	[dāngdài]	당대, 그 시대
☐	当前	[dāngqián]	현재, 현 단계
☐	当事人	[dāngshìrén]	관계자, 당사자
☐	淡季	[dànjì]	비성수기
☐	淡水	[dànshuǐ]	담수, 민물
☐	导弹	[dǎodàn]	유도탄, 미사일
☐	稻谷	[dàogǔ]	벼
☐	等级	[děngjí]	등급, 차별
☐	灯笼	[dēnglong]	등롱, 초롱
☐	典礼	[diǎnlǐ]	(성대한) 의식, 행사
☐	典型	[diǎnxíng]	전형
☐	电源	[diànyuán]	전원
☐	堤坝	[dībà]	댐과 둑
☐	地步	[dìbù]	(도달한) 정도, 지경
☐	丁	[dīng]	성년남자, 장정
☐	定义	[dìngyì]	정의

check! 1☐ 2☐ 3☐ 4☐ 5☐

☐	地势	[dìshì]	지세, 땅의 형세
☐	地质	[dìzhì]	지질
☐	栋	[dòng]	용마루, 상량
☐	东道主	[dōngdàozhǔ]	(손님을 초대한) 주인, 주최측
☐	动机	[dòngjī]	동기
☐	动静	[dòngjing]	동정, 낌새
☐	动力	[dònglì]	동력
☐	动脉	[dòngmài]	동맥
☐	董事长	[dǒngshìzhǎng]	대표이사, 이사장
☐	动态	[dòngtài]	동태, 변화의 추이
☐	兜	[dōu]	호주머니, 자루
☐	端	[duān]	(사물의) 끝
☐	端午节	[DuānwǔJié]	단오
☐	对策	[duìcè]	대책, 대응책
☐	对联	[duìlián]	대련, 주련
☐	队伍	[duìwu]	대열, 행렬
☐	毒品	[dúpǐn]	마약
☐	恩怨	[ēnyuàn]	은혜와 원한
☐	二氧化碳	[èryǎnghuàtàn]	이산화탄소

6급

☐	范畴	[fànchóu]	범주
☐	反感	[fǎngǎn]	반감, 불만
☐	方位	[fāngwèi]	방향과 위치
☐	方言	[fāngyán]	방언
☐	方圆	[fāngyuán]	주변의 길이
☐	方针	[fāngzhēn]	방침
☐	反馈	[fǎnkuì]	귀환, 재생
☐	反面	[fǎnmiàn]	뒷면, 안
☐	反思	[fǎnsī]	반성
☐	繁体字	[fántǐzì]	번체자
☐	法人	[fǎrén]	법인
☐	肺	[fèi]	허파, 폐
☐	飞禽走兽	[fēiqínzǒushòu]	금수, 조수
☐	废墟	[fèixū]	폐허
☐	分寸	[fēncun]	(일이나 말의) 분별
☐	风暴	[fēngbào]	폭풍
☐	风度	[fēngdù]	품격, 풍모
☐	风光	[fēngguāng]	풍경, 경치
☐	封建	[fēngjiàn]	봉건제도
☐	风气	[fēngqì]	(사회나 집단의) 풍조

check! 1□ 2□ 3□ 4□ 5□

□	风土人情	[fēngtǔrénqíng]	지방의 특색과 풍습
□	风味	[fēngwèi]	맛, 풍미
□	分量	[fènliàng]	중량, 무게
□	粉末	[fěnmò]	가루, 분말
□	坟墓	[fénmù]	무덤
□	粉色	[fěnsè]	분홍색
□	负担	[fùdān]	부담
□	幅度	[fúdù]	폭, 너비
□	夫妇	[fūfù]	부부
□	符号	[fúhào]	기호
□	附件	[fùjiàn]	부품
□	福利	[fúlì]	복지, 복리
□	俘虏	[fúlǔ]	포로
□	福气	[fúqi]	복, 행운
□	夫人	[fūrén]	부인
□	腹泻	[fùxiè]	설사
□	钙	[gài]	칼슘
□	杠杆	[gànggǎn]	지렛대
□	港口	[gǎngkǒu]	항구
□	港湾	[gǎngwān]	항만

6급

☐	岗位	[gǎngwèi]	직장, 부서
☐	干劲	[gànjìn]	(일하려는) 의욕, 열정
☐	高潮	[gāocháo]	만조
☐	高峰	[gāofēng]	최고위층
☐	稿件	[gǎojiàn]	원고, 작품
☐	疙瘩	[gēda]	종기, 부스럼
☐	隔阂	[géhé]	(생각·감정의) 틈, 간격
☐	格局	[géjú]	짜임새, 구조
☐	革命	[gémìng]	혁명, 대변혁
☐	跟前	[gēnqián]	곁, 신변
☐	根源	[gēnyuán]	근원
☐	格式	[géshi]	격식, 양식
☐	个体	[gètǐ]	개체, 개인
☐	鸽子	[gēzi]	비둘기
☐	公安局	[gōng'ānjú]	공안국
☐	宫殿	[gōngdiàn]	궁전
☐	公关	[gōngguān]	섭외, 홍보
☐	共和国	[gònghéguó]	공화국
☐	功劳	[gōngláo]	공로
☐	公民	[gōngmín]	국민, 공민

check! 1☐ 2☐ 3☐ 4☐ 5☐

☐	共鸣	[gòngmíng]	공명
☐	公式	[gōngshì]	공식
☐	公务	[gōngwù]	공무
☐	功效	[gōngxiào]	효능, 효과
☐	工艺品	[gōngyìpǐn]	(수)공예품
☐	钩子	[gōuzi]	갈고리
☐	拐杖	[guǎizhàng]	지팡이
☐	罐	[guàn]	단지, 항아리
☐	官方	[guānfāng]	정부 당국
☐	光彩	[guāngcǎi]	빛, 광채
☐	惯例	[guànlì]	관례, 관행
☐	古董	[gǔdǒng]	골동품
☐	股东	[gǔdōng]	주주
☐	股份	[gǔfèn]	주(株), 주식
☐	骨干	[gǔgàn]	골간
☐	轨道	[guǐdào]	궤도, 궤적
☐	规范	[guīfàn]	규범, 본보기
☐	规格	[guīgé]	표준, 규격
☐	规章	[guīzhāng]	규칙, 규정
☐	贵族	[guìzú]	귀족

6급

棍棒	[gùnbàng]	막대기, 방망이
国防	[guófáng]	국방
过失	[guòshī]	잘못, 실수
国务院	[guówùyuàn]	국무원
固体	[gùtǐ]	고체
顾问	[gùwèn]	고문
故乡	[gùxiāng]	고향
故障	[gùzhàng]	(기계 따위의) 고장
海拔	[hǎibá]	해발
海滨	[hǎibīn]	해변, 바닷가
行列	[hángliè]	행렬
含义	[hányì]	함의, 내포된 뜻
痕迹	[hénjì]	흔적, 자취
洪水	[hóngshuǐ]	홍수
后代	[hòudài]	후대, 후세
后顾之忧	[hòugùzhīyōu]	뒷걱정, 뒷근심
喉咙	[hóulóng]	목구멍
后勤	[hòuqín]	후방 근무
花瓣	[huābàn]	꽃잎
化肥	[huàféi]	화학비료

☐	花蕾	[huālěi]	꽃봉오리, 꽃망울
☐	皇帝	[huángdì]	황제
☐	皇后	[huánghòu]	황후
☐	黄昏	[huánghūn]	황혼, 해질 무렵
☐	环节	[huánjié]	환절, 고리마디
☐	患者	[huànzhě]	환자
☐	华侨	[huáqiáo]	화교
☐	化石	[huàshí]	화석
☐	话筒	[huàtǒng]	전화기의 송수화기
☐	荤	[hūn]	훈채(마늘 등 특이한 냄새가 나는 채소)
☐	浑身	[húnshēn]	전신, 온몸
☐	货币	[huòbì]	화폐
☐	火箭	[huǒjiàn]	불화살
☐	活力	[huólì]	활력, 생기
☐	火焰	[huǒyàn]	화염, 불꽃
☐	火药	[huǒyào]	화약
☐	湖泊	[húpō]	호수의 통칭
☐	胡须	[húxū]	수염
☐	家伙	[jiāhuo]	놈, 녀석

6급

☐	剑	[jiàn]	검, 양쪽에 날이 있는 큰 칼
☐	间谍	[jiàndié]	간첩
☐	桨	[jiǎng]	노
☐	间隔	[jiàngé]	간격, 사이
☐	将军	[jiāngjūn]	장군, 장성
☐	见解	[jiànjiě]	견해, 소견
☐	舰艇	[jiàntǐng]	함정
☐	简体字	[jiǎntǐzì]	간체자
☐	见闻	[jiànwén]	견문
☐	监狱	[jiānyù]	교도소, 감옥
☐	焦点	[jiāodiǎn]	초점, 집중
☐	角落	[jiǎoluò]	구석, 모퉁이
☐	教养	[jiàoyǎng]	교양
☐	交易	[jiāoyì]	장사, 거래, 교역,
☐	家属	[jiāshǔ]	가솔, 딸린 식구
☐	佳肴	[jiāyáo]	맛있는 요리(안주)
☐	级别	[jíbié]	등급, 단계
☐	疾病	[jíbìng]	병, 질병
☐	基地	[jīdì]	근거지
☐	季度	[jìdù]	사분기, 분기

check! 1□ 2□ 3□ 4□ 5□

□	极端	[jíduān]	극단
□	阶层	[jiēcéng]	계층, 단계
□	结晶	[jiéjīng]	결정, 소중한 성과
□	结局	[jiéjú]	결말, 결국
□	界限	[jièxiàn]	경계
□	节奏	[jiézòu]	리듬, 박자
□	机构	[jīgòu]	기구
□	籍贯	[jíguàn]	출생지
□	忌讳	[jìhuì]	식초
□	基金	[jījīn]	기금
□	季军	[jìjūn]	(운동 경기 등의) 3등
□	机密	[jīmì]	기밀, 극비
□	茎	[jīng]	식물의 줄기
□	井	[jǐng]	우물
□	经费	[jīngfèi]	경비, 비용
□	精华	[jīnghuá]	정화, 정수
□	境界	[jìngjiè]	경계
□	镜头	[jìngtóu]	렌즈
□	经纬	[jīngwěi]	(직물의) 날줄과 씨줄
□	颈椎	[jǐngzhuī]	경추, 목등뼈

6급

近来	[jìnlái]	근래, 요즘
金融	[jīnróng]	금융
技巧	[jìqiǎo]	기교, 기예
激情	[jīqíng]	격정, 열정적인 감정
集团	[jítuán]	집단, 단체
纠纷	[jiūfēn]	다툼, 분쟁
酒精	[jiǔjīng]	알코올
极限	[jíxiàn]	극한
迹象	[jìxiàng]	흔적, 자취
机械	[jīxiè]	기계
记性	[jìxing]	기억력
纪要	[jìyào]	기요, 요록
基因	[jīyīn]	유전자
机遇	[jīyù]	(좋은) 기회
剧本	[jùběn]	극본, 각본, 대본
局部	[júbù]	국부, (일)부분
举动	[jǔdòng]	동작, 행위
决策	[juécè]	결정된 책략
局面	[júmiàn]	국면, 형세
居民	[jūmín]	주민, 거주민

☐	军队	[jūnduì]	군대
☐	君子	[jūnzǐ]	높은 관직에 있는 사람, 나리
☐	局势	[júshì]	국면, 정세
☐	刊物	[kānwù]	간행물
☐	卡通	[kǎtōng]	애니메이션, 카툰
☐	客户	[kèhù]	이주자
☐	科目	[kēmù]	과목, 항목
☐	课题	[kètí]	과제, 프로젝트
☐	孔	[kǒng]	구멍
☐	空白	[kòngbái]	공백, 여백
☐	空隙	[kòngxì]	틈, 간격
☐	口气	[kǒuqì]	어조, 말투
☐	口腔	[kǒuqiāng]	구강
☐	口头	[kǒutóu]	구두
☐	口音	[kǒuyīn]	입소리
☐	筐	[kuāng]	광주리, 바구니
☐	矿产	[kuàngchǎn]	광산물
☐	框架	[kuàngjià]	뼈대, 프레임
☐	款式	[kuǎnshì]	스타일, 양식
☐	喇叭	[lǎba]	나팔

6급

☐	来历	[láilì]	경력, 내력
☐	来源	[láiyuán]	근원, 출처
☐	栏目	[lánmù]	항목
☐	牢骚	[láosāo]	불평, 불만
☐	蜡烛	[làzhú]	초, 양초
☐	雷达	[léidá]	레이더, 전파 탐지기
☐	乐趣	[lèqù]	즐거움, 기쁨
☐	粒	[lì]	알, 알갱이
☐	良心	[liángxīn]	선량한 마음
☐	联盟	[liánméng]	연맹
☐	立场	[lìchǎng]	입장, 태도
☐	里程碑	[lǐchéngbēi]	이정표
☐	历代	[lìdài]	역대
☐	立方	[lìfāng]	입방, 세제곱
☐	立交桥	[lìjiāoqiáo]	입체교차로
☐	礼节	[lǐjié]	예절
☐	黎明	[límíng]	여명, 동틀 무렵
☐	凌晨	[língchén]	새벽녘
☐	灵感	[línggǎn]	영감
☐	灵魂	[línghún]	영혼, 혼

check! 1☐ 2☐ 3☐ 4☐ 5☐

☐	领事馆	[lǐngshìguǎn]	영사관
☐	领土	[lǐngtǔ]	영토
☐	领袖	[lǐngxiù]	영수, 지도자
☐	立体	[lìtǐ]	입체
☐	流氓	[liúmáng]	건달, 깡패
☐	理智	[lǐzhì]	이지, 이성과 지혜
☐	轮船	[lúnchuán]	(증)기선
☐	轮廓	[lúnkuò]	윤곽, 테두리
☐	轮胎	[lúntāi]	타이어
☐	论坛	[lùntán]	논단, 칼럼
☐	论证	[lùnzhèng]	논증
☐	炉灶	[lúzào]	炉子(부뚜막)와 灶(가마목)의 합칭
☐	脉搏	[màibó]	맥박
☐	漫画	[mànhuà]	만화
☐	码头	[mǎtou]	부두, 선창
☐	蚂蚁	[mǎyǐ]	개미
☐	媒介	[méijiè]	매개자, 매개체
☐	棉花	[miánhua]	목화솜
☐	面貌	[miànmào]	용모, 생김새

6급

☐	面子	[miànzi]	체면, 면목
☐	密度	[mìdù]	밀도
☐	名次	[míngcì]	순위, 등수
☐	名额	[míng'é]	정원, 인원 수
☐	名誉	[míngyù]	명예, 명성
☐	民间	[mínjiān]	민간
☐	民主	[mínzhǔ]	민주
☐	迷信	[míxìn]	미신
☐	谜语	[míyǔ]	수수께끼
☐	膜	[mó]	(세포)막
☐	模范	[mófàn]	모범
☐	魔鬼	[móguǐ]	마귀, 악마
☐	模式	[móshì]	(표준) 양식, 패턴
☐	魔术	[móshù]	마술
☐	墨水儿	[mòshuǐr]	먹물, 잉크
☐	模型	[móxíng]	모형
☐	目光	[mùguāng]	시선, 눈길
☐	模样	[múyàng]	모양, 모습
☐	母语	[mǔyǔ]	모국어, 모어
☐	内涵	[nèihán]	내포

☐	内幕	[nèimù]	내막, 속사정
☐	能量	[néngliàng]	에너지
☐	年度	[niándù]	연도
☐	纽扣儿	[niǔkòuér]	단추
☐	农历	[nónglì]	음력
☐	奴隶	[núlì]	노예
☐	偶像	[ǒuxiàng]	우상
☐	派别	[pàibié]	파(派), 유파
☐	畔	[pàn]	가, 가장자리
☐	泡沫	[pàomò]	(물)거품, 포말
☐	配偶	[pèi'ǒu]	배우자, 커플
☐	盆地	[péndì]	분지
☐	偏差	[piānchā]	편차, 오차
☐	片断	[piànduàn]	토막, 단편
☐	偏见	[piānjiàn]	편견, 선입견
☐	片刻	[piànkè]	잠깐, 잠시
☐	皮革	[pígé]	피혁, 가죽
☐	屁股	[pìgu]	臀(tùn 엉덩이)의 속칭
☐	品德	[pǐndé]	인품과 덕성, 품성
☐	评论	[pínglùn]	평론, 논평, 논설

6급

☐	平面	[píngmiàn]	평면
☐	屏幕	[píngmù]	영사막, 스크린
☐	平原	[píngyuán]	평원
☐	屏障	[píngzhàng]	장벽, 보호벽
☐	频率	[pínlǜ]	빈도(수)
☐	品质	[pǐnzhì]	품질, 질
☐	品种	[pǐnzhǒng]	제품의 종류, 품종
☐	坡	[pō]	비탈, 언덕
☐	魄力	[pòlì]	박력, 패기
☐	瀑布	[pùbù]	폭포(수)
☐	前景	[qiánjǐng]	(가까운) 장래
☐	潜力	[qiánlì]	잠재 능력, 저력
☐	前提	[qiántí]	전제, 전제 조건
☐	桥梁	[qiáoliáng]	교량, 다리
☐	窍门	[qiàomén]	(문제를 해결할) 방법
☐	器材	[qìcái]	기자재, 기재
☐	起初	[qǐchū]	처음, 최초
☐	乞丐	[qǐgài]	거지
☐	气概	[qìgài]	기개
☐	气功	[qìgōng]	기공

check! 1☐ 2☐ 3☐ 4☐ 5☐

☐	**器官**	[qìguān]	(생물체의) 기관
☐	**情报**	[qíngbào]	정보
☐	**清晨**	[qīngchén]	일출 전후의 시간, 이른 아침
☐	**请柬**	[qǐngjiǎn]	청첩장
☐	**情节**	[qíngjié]	플롯, 줄거리
☐	**情理**	[qínglǐ]	이치, 사리, 도리
☐	**请帖**	[qǐngtiě]	초대장
☐	**情形**	[qíngxing]	정황, 상황
☐	**旗袍**	[qípáo]	치파오
☐	**气魄**	[qìpò]	기백, 패기
☐	**气色**	[qìsè]	안색, 기색
☐	**启事**	[qǐshì]	광고, 공고
☐	**气势**	[qìshì]	기세
☐	**企图**	[qǐtú]	의도
☐	**丘陵**	[qiūlíng]	구릉, 언덕
☐	**气味**	[qìwèi]	냄새
☐	**期限**	[qīxiàn]	기한, 시한
☐	**气象**	[qìxiàng]	기상
☐	**气压**	[qìyā]	대기압
☐	**起源**	[qǐyuán]	기원

6급

☐	旗帜	[qízhì]	기, 깃발
☐	气质	[qìzhì]	기질, 성미
☐	犬	[quǎn]	개
☐	权衡	[quánhéng]	저울추와 저울대
☐	全局	[quánjú]	전체 국면, 대세
☐	圈套	[quāntào]	올가미
☐	拳头	[quántóu]	주먹
☐	权威	[quánwēi]	권위, 권위자
☐	渠道	[qúdào]	관개수로
☐	缺口	[quēkǒu]	결함, 흠집
☐	缺陷	[quēxiàn]	결함, 결점
☐	群众	[qúnzhòng]	대중, 군중
☐	趣味	[qùwèi]	재미, 흥미
☐	区域	[qūyù]	구역, 지역
☐	曲子	[qǔzi]	노래, 가곡, 악보
☐	热门	[rèmén]	인기 있는 것
☐	人道	[réndào]	인간성
☐	人格	[réngé]	인격
☐	人间	[rénjiān]	인간 사회, 세상
☐	人士	[rénshì]	인사

☐	人性	[rénxìng]	인성, 인간의 본성
☐	人质	[rénzhì]	인질
☐	容貌	[róngmào]	용모, 생김새
☐	容器	[róngqì]	용기
☐	荣誉	[róngyù]	명예, 영예
☐	儒家	[Rújiā]	유가, 유학자
☐	弱点	[ruòdiǎn]	약점, 단점
☐	散文	[sǎnwén]	산문
☐	嫂子	[sǎozi]	형수
☐	商标	[shāngbiāo]	상표
☐	上级	[shàngjí]	상급, 상사
☐	上游	[shàngyóu]	(강의) 상류
☐	山脉	[shānmài]	산맥
☐	梢	[shāo]	나무(의) 끝
☐	哨	[shào]	호루라기
☐	牲畜	[shēngchù]	가축
☐	胜负	[shèngfù]	승부, 승패
☐	省会	[shěnghuì]	성 행정부 소재지
☐	生机	[shēngjī]	활력, 생기
☐	生理	[shēnglǐ]	생리

6급

☐	盛情	[shèngqíng]	두터운 정, 후의
☐	声势	[shēngshì]	명성과 위세
☐	生态	[shēngtài]	생태
☐	生物	[shēngwù]	생물
☐	生肖	[shēngxiào]	사람의 띠
☐	声誉	[shēngyù]	명성, 명예
☐	神经	[shénjīng]	신경
☐	神气	[shénqì]	표정, 안색
☐	深情厚谊	[shēnqínghòuyì]	깊고 돈독한 정
☐	绅士	[shēnshì]	신사, 젠틀맨
☐	神态	[shéntài]	표정과 태도
☐	神仙	[shénxiān]	신선, 선인
☐	社区	[shèqū]	지역사회
☐	舌头	[shétou]	혀
☐	世代	[shìdài]	여러 대, 세대
☐	师范	[shīfàn]	본보기
☐	是非	[shìfēi]	시비, 옳고 그름
☐	事故	[shìgù]	사고
☐	时光	[shíguāng]	시기, 때
☐	实惠	[shíhuì]	실리

☐	时机	[shíjī]	(유리한) 시기
☐	事迹	[shìjì]	사적
☐	事件	[shìjiàn]	사건
☐	势力	[shìli]	세력
☐	视力	[shìlì]	시력
☐	实力	[shílì]	실력
☐	使命	[shǐmìng]	사명, 명령
☐	视频	[shìpín]	영상 신호 주파수
☐	时事	[shíshì]	시사
☐	事态	[shìtài]	사태, 정황
☐	尸体	[shītǐ]	시체
☐	事务	[shìwù]	일, 업무
☐	视线	[shìxiàn]	시선, 눈길
☐	事项	[shìxiàng]	사항
☐	试验	[shìyàn]	시험
☐	事业	[shìyè]	사업
☐	视野	[shìyě]	시야, 시계
☐	石油	[shíyóu]	석유
☐	实质	[shízhì]	실질, 본질
☐	手法	[shǒufǎ]	기교, 수법

6급

手势	[shǒushì]	손짓, 손동작
首饰	[shǒushi]	머리 장식품
首要	[shǒuyào]	수뇌, 수반
收益	[shōuyì]	수익, 이득
手艺	[shǒuyì]	솜씨
收音机	[shōuyīnjī]	라디오
双胞胎	[shuāngbāotāi]	쌍둥이
数额	[shù'é]	일정한 수, 정액
书法	[shūfǎ]	서법, 서도
水利	[shuǐlì]	수리
水龙头	[shuǐlóngtóu]	수도꼭지
水泥	[shuǐní]	시멘트
书籍	[shūjí]	서적, 책
书记	[shūji]	서리, 서기
书面	[shūmiàn]	서면, 지면
瞬间	[shùnjiān]	순간, 순식간
司法	[sīfǎ]	사법
司令	[sīlìng]	사령, 사령관
死亡	[sǐwáng]	사망, 멸망
思维	[sīwéi]	사유

☐	四肢	[sìzhī]	사지, 팔다리
☐	俗话	[súhuà]	속담, 옛말
☐	隧道	[suìdào]	굴, 터널
☐	岁月	[suìyuè]	세월
☐	素食	[sùshí]	소박한 음식
☐	素质	[sùzhì]	소양, 자질
☐	塔	[tǎ]	탑
☐	泰斗	[tàidǒu]	태산북두
☐	台风	[táifēng]	태풍
☐	太空	[tàikōng]	우주, 높고 드넓은 하늘
☐	弹性	[tánxìng]	탄성, 탄력성
☐	陶瓷	[táocí]	도자기
☐	特长	[tècháng]	특기, 장기
☐	天才	[tiāncái]	천재
☐	田径	[tiánjìng]	논길, 밭길
☐	天然气	[tiānránqì]	천연가스
☐	天堂	[tiāntáng]	천당, 극락
☐	天文	[tiānwén]	천문
☐	田野	[tiányě]	논밭과 들판, 들
☐	条款	[tiáokuǎn]	조항, 조목

6급

☐	条理	[tiáolǐ]	조리, 순서
☐	调料	[tiáoliào]	조미료, 양념
☐	条约	[tiáoyuē]	조약
☐	题材	[tícái]	제재, 문학이나 예술 작품의 소재
☐	体裁	[tǐcái]	체재, 장르
☐	体积	[tǐjī]	체적
☐	体面	[tǐmiàn]	체면
☐	亭子	[tíngzi]	정자
☐	体系	[tǐxì]	체계
☐	提议	[tíyì]	제의
☐	铜	[tóng]	동, 구리
☐	同胞	[tóngbāo]	동포, 겨레
☐	童话	[tónghuà]	동화
☐	通货膨胀	[tōnghuòpéngzhàng]	통화팽창, 인플레이션
☐	同志	[tóngzhì]	동지
☐	图案	[tú'àn]	도안
☐	团体	[tuántǐ]	단체
☐	徒弟	[túdì]	도제, 제자
☐	推论	[tuīlùn]	추론

☐	途径	[tújìng]	방법, 방도
☐	椭圆	[tuǒyuán]	타원
☐	土壤	[tǔrǎng]	토양, 흙
☐	外表	[wàibiǎo]	겉모습, 외모
☐	外界	[wàijiè]	외부, 바깥 세계
☐	丸	[wán]	작고 둥근 물건, 알
☐	往常	[wǎngcháng]	평소, 평상시
☐	往事	[wǎngshì]	지난 일, 옛일
☐	玩意儿	[wányìr]	완구, 장난감
☐	娃娃	[wáwa]	(갓난)아기, 인형
☐	威风	[wēifēng]	위풍, 콧대
☐	微观	[wēiguān]	미시(경제용어)
☐	危机	[wēijī]	위기
☐	威力	[wēilì]	위력
☐	为期	[wéiqī]	기한
☐	维生素	[wéishēngsù]	비타민
☐	威望	[wēiwàng]	명망
☐	威信	[wēixìn]	위신
☐	卫星	[wèixīng]	위성
☐	委员	[wěiyuán]	위원

6급

☐	温带	[wēndài]	온대
☐	文凭	[wénpíng]	공문서
☐	文物	[wénwù]	문물
☐	文献	[wénxiàn]	문헌
☐	文艺	[wényì]	문예, 문학과 예술
☐	窝	[wō]	둥지
☐	误差	[wùchā]	오차
☐	舞蹈	[wǔdǎo]	무도, 춤
☐	武器	[wǔqì]	무기
☐	武侠	[wǔxiá]	무협, 협객
☐	物业	[wùyè]	산업
☐	武装	[wǔzhuāng]	무장
☐	物资	[wùzī]	물자
☐	溪	[xī]	산골짝 개울
☐	霞	[xiá]	노을
☐	峡谷	[xiágǔ]	협곡
☐	弦	[xián]	활시위
☐	嫌	[xián]	혐의, 의심
☐	现场	[xiànchǎng]	(사고의) 현장
☐	宪法	[xiànfǎ]	헌법

巷	[xiàng]	골목
向导	[xiàngdǎo]	가이드
相声	[xiàngsheng]	만담, 재담
乡镇	[xiāngzhèn]	향(鄉)과 진(鎭), 소도시
闲话	[xiánhuà]	험담
陷阱	[xiànjǐng]	함정
先前	[xiānqián]	이전, 예전
馅儿	[xiànr]	만두 등과 같은 밀가루 음식 재료로 쓰이는 것
线索	[xiànsuǒ]	실마리, 단서
纤维	[xiānwéi]	섬유
嫌疑	[xiányí]	혐의
现状	[xiànzhuàng]	현상, 현황
消防	[xiāofáng]	소방
消耗	[xiāohào]	소모, 소비
肖像	[xiàoxiàng]	(사람의) 사진
效益	[xiàoyì]	효과와 수익
下属	[xiàshǔ]	부하
细胞	[xìbāo]	세포
屑	[xiè]	부스러기, 찌꺼기

	协会	[xiéhuì]	협회
□	协议	[xiéyì]	협의, 합의
□	媳妇	[xífù]	부인, 마누라
□	膝盖	[xīgài]	무릎
□	细菌	[xìjūn]	세균
□	系列	[xìliè]	계열
□	新陈代谢	[xīnchéndàixiè]	신진대사
□	心得	[xīndé]	느낌, 체득, 터득
□	腥	[xīng]	비린내
□	性命	[xìngmìng]	목숨, 생명
□	性能	[xìngnéng]	성능
□	刑事	[xíngshì]	형사
□	形态	[xíngtài]	형태
□	行政	[xíngzhèng]	행정
□	新郎	[xīnláng]	신랑
□	心灵	[xīnlíng]	심령, 정신
□	信念	[xìnniàn]	신념, 믿음
□	新娘	[xīnniáng]	신부
□	薪水	[xīnshui]	봉급, 임금
□	心态	[xīntài]	심리상태

check! 1☐ 2☐ 3☐ 4☐ 5☐

☐	心血	[xīnxuè]	심혈
☐	信仰	[xìnyǎng]	신앙
☐	心眼儿	[xīnyǎnr]	내심, 마음속
☐	信誉	[xìnyù]	평판
☐	胸怀	[xiōnghuái]	가슴, 흉부
☐	凶手	[xiōngshǒu]	살인범, 흉악범
☐	胸膛	[xiōngtáng]	가슴
☐	昔日	[xīrì]	옛날, 이전
☐	习俗	[xísú]	풍속
☐	嗅觉	[xiùjué]	후각
☐	夕阳	[xīyáng]	석양, 저녁 해
☐	旋律	[xuánlǜ]	선율, 멜로디
☐	悬念	[xuánniàn]	서스펜스
☐	选手	[xuǎnshǒu]	선수
☐	悬崖峭壁	[xuányáqiàobì]	깎아지른 듯한 절벽
☐	学说	[xuéshuō]	학설
☐	学位	[xuéwèi]	학위
☐	血压	[xuèyā]	혈압
☐	需求	[xūqiú]	수요, 필요
☐	虚荣	[xūróng]	허영, 헛된 영화

6급

☐	序言	[xùyán]	서문, 머리말
☐	须知	[xūzhī]	주의사항, 숙지사항
☐	亚军	[yàjūn]	(운동 경기에서의) 준우승(자)
☐	样品	[yàngpǐn]	샘플, 견본(품)
☐	氧气	[yǎngqì]	산소
☐	眼光	[yǎnguāng]	시선, 눈길
☐	沿海	[yánhǎi]	연해, 바닷가 근처 지방
☐	烟花爆竹	[yānhuābàozhú]	불꽃놀이 폭죽
☐	言论	[yánlùn]	언론
☐	眼色	[yǎnsè]	윙크, 눈짓
☐	眼神	[yǎnshén]	시력
☐	岩石	[yánshí]	암석, 바위
☐	要点	[yàodiǎn]	요점
☐	要素	[yàosù]	요소
☐	谣言	[yáoyán]	유언비어
☐	压岁钱	[yāsuìqián]	세뱃돈
☐	液体	[yètǐ]	액체
☐	野心	[yěxīn]	야심
☐	翼	[yì]	날개, 깃

☐	遗产	[yíchǎn]	유산
☐	毅力	[yìlì]	굳센 의지
☐	意料	[yìliào]	예상, 짐작
☐	婴儿	[yīng'ér]	젖먹이, 갓난아기
☐	盈利	[yínglì]	이윤, 이익
☐	迎面	[yíngmiàn]	맞은편, 정면
☐	隐患	[yǐnhuàn]	잠복해 있는 병
☐	阴谋	[yīnmóu]	음모
☐	引擎	[yǐnqíng]	엔진
☐	饮食	[yǐnshí]	음식
☐	隐私	[yǐnsī]	사적인 비밀, 프라이버시
☐	音响	[yīnxiǎng]	음향
☐	仪器	[yíqì]	측정기
☐	衣裳	[yīshang]	의상, 의복
☐	仪式	[yíshì]	의식
☐	意识	[yìshí]	의식
☐	意图	[yìtú]	의도
☐	以往	[yǐwǎng]	종전, 이전
☐	意向	[yìxiàng]	의향, 의도
☐	意志	[yìzhì]	의지, 의기

6급

☐	用户	[yònghù]	사용자, 가입자
☐	油漆	[yóuqī]	페인트
☐	玉	[yù]	옥
☐	原告	[yuángào]	원고
☐	缘故	[yuángù]	연고, 원인
☐	原理	[yuánlǐ]	원리
☐	园林	[yuánlín]	원림, 정원
☐	源泉	[yuánquán]	원천
☐	元首	[yuánshǒu]	군주, 임금
☐	元素	[yuánsù]	요소
☐	冤枉	[yuānwang]	누명
☐	原先	[yuánxiān]	종전, 이전
☐	元宵节	[yuánxiāojié]	정월 대보름
☐	岳母	[yuèmǔ]	장모
☐	乐谱	[yuèpǔ]	악보
☐	舆论	[yúlùn]	여론
☐	渔民	[yúmín]	어민
☐	羽绒服	[yǔróngfú]	오리털 재킷
☐	欲望	[yùwàng]	욕망
☐	寓言	[yùyán]	우화

☐	宇宙	[yǔzhòu]	우주
☐	灾难	[zāinàn]	재난, 재해
☐	杂技	[zájì]	잡기, 곡예, 서커스
☐	造型	[zàoxíng]	이미지, 형상
☐	噪音	[zàoyīn]	소음
☐	贼	[zéi]	도둑
☐	渣	[zhā]	찌꺼기, 침전물
☐	债券	[zhàiquàn]	채권
☐	摘要	[zhāiyào]	적요, 개요
☐	战斗	[zhàndòu]	전투
☐	障碍	[zhàng'ài]	장애물, 방해물
☐	章程	[zhāngchéng]	장정, 규정
☐	帐篷	[zhàngpeng]	장막, 천막, 텐트
☐	战略	[zhànlüè]	전략
☐	战术	[zhànshù]	전술
☐	战役	[zhànyì]	전역
☐	沼泽	[zhǎozé]	소택, 소택지
☐	阵地	[zhèndì]	진지
☐	政策	[zhèngcè]	정책
☐	争端	[zhēngduān]	분쟁의 실마리

6급

正负	[zhèngfù]	플러스 마이너스
正气	[zhèngqì]	공명정대한 태도
政权	[zhèngquán]	정권
证书	[zhèngshū]	증서, 증명서
正义	[zhèngyì]	정의
正月	[zhēngyuè]	정월
症状	[zhèngzhuàng]	증상, 증후
正宗	[zhèngzōng]	정종, 정통(파)
真理	[zhēnlǐ]	진리
阵容	[zhènróng]	진용
枕头	[zhěntou]	베개
真相	[zhēnxiàng]	진상, 실상
珍珠	[zhēnzhū]	진주
枝	[zhī]	가지
治安	[zhì'ān]	치안
指标	[zhǐbiāo]	지표, 수치
支出	[zhīchū]	지출
脂肪	[zhīfáng]	지방
制服	[zhìfú]	제복
之际	[zhījì]	(일이 발생한) 때, 즈음

check! 1☐ 2☐ 3☐ 4☐ 5☐

☐	指甲	[zhǐjia]	손톱
☐	直径	[zhíjìng]	직경
☐	知觉	[zhījué]	지각, 감각
☐	智力	[zhìlì]	지력, 지능
☐	支流	[zhīliú]	지류
☐	殖民地	[zhímíndì]	식민지
☐	指南针	[zhǐnánzhēn]	나침반
☐	职能	[zhínéng]	직능, 직책과 기능
☐	智能	[zhìnéng]	지능
☐	志气	[zhìqì]	패기, 기개
☐	智商	[zhìshāng]	지능지수의 약칭
☐	职位	[zhíwèi]	직위
☐	职务	[zhíwù]	직무
☐	支柱	[zhīzhù]	지주, 받침대
☐	侄子	[zhízi]	조카
☐	终点	[zhōngdiǎn]	종점, 종착지
☐	肿瘤	[zhǒngliú]	종양
☐	终身	[zhōngshēn]	일생, 평생
☐	重心	[zhòngxīn]	중심, 무게 중심
☐	中央	[zhōngyāng]	중앙

6급

种子	[zhǒngzi]	종자, 열매
种族	[zhǒngzú]	종족, 인종
舟	[zhōu]	배
粥	[zhōu]	죽
州	[zhōu]	주(고대 행정 구역)
周边	[zhōubiān]	주변, 주위
周年	[zhōunián]	주년
周期	[zhōuqī]	주기
皱纹	[zhòuwén]	주름(살)
昼夜	[zhòuyè]	낮과 밤
周折	[zhōuzhé]	곡절
株	[zhū]	그루터기
砖	[zhuān]	벽돌
专长	[zhuāncháng]	특기
装备	[zhuāngbèi]	장비
壮观	[zhuàngguān]	장관
庄稼	[zhuāngjia]	(농)작물
传记	[zhuànjì]	전기
专利	[zhuānlì]	특허
专题	[zhuāntí]	전제, 특정한 제목

☐	主流	[zhǔliú]	주류
☐	准则	[zhǔnzé]	준칙, 규범
☐	主权	[zhǔquán]	주권
☐	助手	[zhùshǒu]	조수
☐	主义	[zhǔyì]	주의
☐	住宅	[zhùzhái]	주택
☐	资本	[zīběn]	자본
☐	资产	[zīchǎn]	재산, 산업
☐	子弹	[zǐdàn]	탄두(枪弹)의 낮은말
☐	姿态	[zītài]	자태, 모습
☐	滋味	[zīwèi]	좋은 맛, 향미
☐	总和	[zǒnghé]	총계, 총화
☐	纵横	[zònghéng]	종횡, 가로세로
☐	踪迹	[zōngjì]	종적, 행적
☐	宗教	[zōngjiào]	종교
☐	棕色	[zōngsè]	갈색, 다갈색
☐	宗旨	[zōngzhǐ]	종지, 주지, 취지
☐	走廊	[zǒuláng]	복도, 회랑
☐	钻石	[zuànshí]	다이아몬드
☐	祖父	[zǔfù]	할아버지

☐	祖国	[zǔguó]	조국
☐	嘴唇	[zuǐchún]	입술
☐	罪犯	[zuìfàn]	범인
☐	作风	[zuòfēng]	기풍, 풍격
☐	座右铭	[zuòyòumíng]	좌우명
☐	祖先	[zǔxiān]	선조, 조상

6급 동사 动词

☐	挨	[ái]	~을 받다, ~을 당하다
☐	爱戴	[àidài]	우러러 섬기다, 추대하다
☐	按摩	[ànmó]	안마하다, 마사지하다
☐	暗示	[ànshì]	암시하다
☐	安置	[ānzhì]	제자리에 놓다
☐	熬	[áo]	오래 끓이다, 푹 삶다
☐	扒	[bā]	긁어내다, 파내다
☐	巴不得	[bābude]	간절히 원하다, 갈망하다
☐	罢工	[bàgōng]	동맹파업(하다), 스트라이크(하다)
☐	把关	[bǎguān]	관문을 지키다, 책임을 지다
☐	掰	[bāi]	(손으로 물건을) 떼어내다
☐	拜访	[bàifǎng]	삼가 방문하다, 예방하다
☐	败坏	[bàihuài]	(명예 등을) 손상시키다, 더럽히다
☐	拜年	[bàinián]	세배하다
☐	摆脱	[bǎituō]	(속박 등에서) 벗어나다
☐	拜托	[bàituō]	(삼가) 부탁드리다
☐	巴结	[bājie]	아첨하다

6급

☐	颁布	[bānbù]	공포하다, 반포하다
☐	颁发	[bānfā]	(상장 따위를) 수여하다
☐	磅	[bàng]	(저울로) 무게를 달다
☐	绑架	[bǎngjià]	납치하다
☐	伴随	[bànsuí]	따라가다, 함께 가다
☐	扮演	[bànyǎn]	~역을 맡아 하다
☐	包庇	[bāobì]	비호하다, 감싸주다
☐	报仇	[bàochóu]	복수하다, 보복하다
☐	报答	[bàodá]	보답하다, 감사를 표하다
☐	爆发	[bàofā]	화산이 폭발하다
☐	报复	[bàofù]	보복하다, 앙갚음하다
☐	保管	[bǎoguǎn]	보관하다
☐	曝光	[bàoguāng]	(사진에서) 노출하다
☐	报警	[bàojǐng]	경찰에 신고하다
☐	暴露	[bàolù]	폭로하다, 드러내다
☐	保密	[bǎomì]	비밀을 지키다
☐	保卫	[bǎowèi]	보위하다
☐	包围	[bāowéi]	포위하다, 에워싸다
☐	报销	[bàoxiāo]	청구하다, 정산하다
☐	保养	[bǎoyǎng]	수리하다, 정비하다

check! 1□ 2□ 3□ 4□ 5□

□	爆炸	[bàozhà]	폭발하다, 작렬하다
□	保障	[bǎozhàng]	보장하다, 보증하다
□	保重	[bǎozhòng]	건강에 주의하다, 몸조심하다
□	包装	[bāozhuāng]	포장하다
□	备份	[bèifèn]	예비분을 복제하다
□	背叛	[bèipàn]	배반하다, 배신하다
□	背诵	[bèisòng]	외우다, 암송하다
□	奔波	[bēnbō]	분주히 뛰어다니다
□	奔驰	[bēnchí]	질주하다, 폭주하다
□	蹦	[bèng]	뛰어오르다, 껑충 뛰다
□	迸发	[bèngfā]	솟아나다
□	崩溃	[bēngkuì]	붕괴하다, 무너지다
□	遍布	[biànbù]	널리 퍼지다
□	鞭策	[biāncè]	독려하고 재촉하다, 채찍질하다
□	贬低	[biǎndī]	얕잡아 보다
□	辩护	[biànhù]	변호하다, 변론하다
□	辩解	[biànjiě]	해명하다, 변명하다
□	变迁	[biànqiān]	변천하다
□	辨认	[biànrèn]	식별해 내다

☐	便于	[biànyú]	(~하기에) 쉽다
☐	辩证	[biànzhèng]	변증하다, 논증하다
☐	编织	[biānzhī]	엮다, 짜다, 뜨다
☐	变质	[biànzhì]	변질되다
☐	表决	[biǎojué]	표결하다
☐	表态	[biǎotài]	입장을 밝히다
☐	表彰	[biǎozhāng]	표창하다
☐	憋	[biē]	답답하게 하다
☐	比方	[bǐfang]	비유하다, 예를 들다
☐	并非	[bìngfēi]	결코 ~하지 않다
☐	并列	[bìngliè]	병렬하다
☐	濒临	[bīnlín]	인접하다
☐	逼迫	[bīpò]	핍박하다
☐	鄙视	[bǐshì]	경멸하다, 무시하다
☐	比喻	[bǐyù]	비유하다
☐	拨	[bō]	밀다, 젖히다
☐	搏斗	[bódòu]	격렬하게 싸우다
☐	剥削	[bōxuē]	착취하다
☐	播种	[bōzhǒng]	파종하다, 씨를 뿌리다
☐	补偿	[bǔcháng]	(손해를) 보상하다

☐	不顾	[búgù]	고려하지 않다
☐	补救	[bǔjiù]	교정하다, 바로잡다
☐	不堪	[bùkān]	감당할 수 없다
☐	不愧	[búkuì]	~에 부끄럽지 않다
☐	哺乳	[bǔrǔ]	젖을 먹이다
☐	部署	[bùshǔ]	배치하다, 안배하다
☐	不惜	[bùxī]	아끼지 않다
☐	不止	[bùzhǐ]	멈추지 않다
☐	布置	[bùzhì]	배치하다
☐	捕捉	[bǔzhuō]	잡다, 체포하다
☐	采购	[cǎigòu]	구입하다
☐	采集	[cǎijí]	채집하다
☐	采纳	[cǎinà]	받아들이다, 수락하다
☐	裁员	[cáiyuán]	감원하다, 인원을 줄이다
☐	残留	[cánliú]	(부분적으로) 남아 있다
☐	参照	[cānzhào]	참조하다
☐	操劳	[cāoláo]	애써 일하다, 수고하다
☐	操练	[cāoliàn]	훈련하다
☐	操纵	[cāozòng]	(기계 등을) 제어하다, 다루다

6급

☐	操作	[cāozuò]	조작하다, 다루다
☐	策划	[cèhuà]	획책하다, 계획하다
☐	测量	[cèliáng]	측량하다
☐	查获	[cháhuò]	수사하여 체포하다
☐	搀	[chān]	부축하다, 붙잡다
☐	馋	[chán]	게걸스럽다, 식탐하다
☐	颤抖	[chàndǒu]	부들부들 떨다
☐	倡导	[chàngdǎo]	앞장서서 제창하다
☐	偿还	[chánghuán]	(빚을) 상환하다, 갚다
☐	敞开	[chǎngkāi]	활짝 열다
☐	尝试	[chángshì]	시도해 보다
☐	倡议	[chàngyì]	제의하다
☐	缠绕	[chánrào]	둘둘 감다, 휘감다
☐	阐述	[chǎnshù]	상세히 논술하다
☐	嘲笑	[cháoxiào]	비웃다, 놀리다
☐	超越	[chāoyuè]	넘다, 넘어서다
☐	诧异	[chàyì]	의아해하다
☐	沉淀	[chéndiàn]	침전하다, 가라앉다
☐	乘	[chéng]	오르다
☐	承办	[chéngbàn]	맡아 처리하다

☐	惩罚	[chéngfá]	징벌하다
☐	成交	[chéngjiāo]	거래가 성립하다
☐	承诺	[chéngnuò]	승낙하다
☐	澄清	[chéngqīng]	분명히 하다
☐	呈现	[chéngxiàn]	나타나다, 드러나다
☐	陈列	[chénliè]	진열하다
☐	陈述	[chénshù]	진술하다
☐	沉思	[chénsī]	깊이 생각하다
☐	衬托	[chèntuō]	부각시키다
☐	撤退	[chètuì]	(군대가) 철수하다
☐	撤销	[chèxiāo]	없애다, 취소하다
☐	吃苦	[chīkǔ]	고생하다
☐	崇拜	[chóngbài]	숭배하다
☐	充当	[chōngdāng]	맡다, 담당하다
☐	重叠	[chóngdié]	중첩되다, 중복되다
☐	崇敬	[chóngjìng]	우러러 추앙하다
☐	冲突	[chōngtū]	충돌하다
☐	筹备	[chóubèi]	기획하고 준비하다
☐	除	[chú]	제거하다, 없애다
☐	串	[chuàn]	꿰다

6급

☐	传达	[chuándá]	전하다, 전달하다
☐	创立	[chuànglì]	창립하다, 창설하다
☐	创业	[chuàngyè]	창업하다
☐	创作	[chuàngzuò]	창작하다
☐	喘气	[chuǎnqì]	호흡하다
☐	传授	[chuánshòu]	(기예 등을) 전수하다
☐	穿越	[chuānyuè]	(산·들 등을) 넘다
☐	储备	[chǔbèi]	비축하다
☐	储存	[chǔcún]	모아 두다, 쌓아두다
☐	触犯	[chùfàn]	저촉되다, 위반하다
☐	处分	[chǔfèn]	처벌하다
☐	吹牛	[chuīniú]	허풍을 떨다, 큰소리치다
☐	吹捧	[chuīpěng]	(지나치게) 치켜세우다
☐	出卖	[chūmài]	배반하다, 배신하다
☐	出神	[chūshén]	넋을 잃다
☐	储蓄	[chǔxù]	저축하다, 비축하다
☐	处置	[chǔzhì]	처치하다, 처벌하다
☐	刺	[cì]	(뾰족한 물건으로) 찌르다
☐	伺候	[cìhou]	시중들다, 모시다
☐	窜	[cuàn]	마구 뛰어다니다

☐	摧残	[cuīcán]	심한 손상을 주다
☐	搓	[cuō]	비비다, 문지르다
☐	磋商	[cuōshāng]	반복하여 협의하다
☐	搭	[dā]	널다, 걸치다
☐	打包	[dǎbāo]	포장을 풀다
☐	答辩	[dábiàn]	답변하다
☐	达成	[dáchéng]	달성하다
☐	搭档	[dādàng]	협력하다
☐	答复	[dáfù]	회답하다, 답변하다
☐	逮捕	[dàibǔ]	체포하다, 붙들다
☐	代理	[dàilǐ]	대리하다, 대신하다
☐	带领	[dàilǐng]	인솔하다, 이끌다
☐	怠慢	[dàimàn]	냉대하다, 푸대접하다
☐	打击	[dǎjī]	타격을 주다, 공격하다
☐	打架	[dǎjià]	(때리며) 싸우다
☐	打量	[dǎliang]	훑어보다
☐	打猎	[dǎliè]	사냥하다
☐	担保	[dānbǎo]	보증하다, 담보하다
☐	当选	[dāngxuǎn]	당선되다
☐	诞生	[dànshēng]	탄생하다, 태어나다

6급

☐	倒闭	[dǎobì]	도산하다
☐	导航	[dǎoháng]	(항해나 항공을) 유도하다
☐	捣乱	[dǎoluàn]	교란하다, 소란을 피우다
☐	盗窃	[dàoqiè]	도둑질하다
☐	导向	[dǎoxiàng]	유도하다
☐	搭配	[dāpèi]	배합하다
☐	打仗	[dǎzhàng]	전쟁하다, 전투하다
☐	得力	[délì]	도움을 받다, 힘을 얻다
☐	蹬	[dēng]	밟다, 딛다
☐	瞪	[dèng]	(눈을) 크게 뜨다
☐	等候	[děnghòu]	기다리다
☐	登陆	[dēnglù]	상륙하다
☐	登录	[dēnglù]	등록하다
☐	得罪	[dézuì]	미움을 사다
☐	垫	[diàn]	받치다, 깔다
☐	颠簸	[diānbǒ]	(뒤)흔들리다, 요동하다
☐	颠倒	[diāndǎo]	뒤바뀌다, 전도되다
☐	奠定	[diàndìng]	다지다, 닦다
☐	惦记	[diànjì]	늘 생각하다
☐	点缀	[diǎnzhuì]	단장하다, 꾸미다

check! 1☐ 2☐ 3☐ 4☐ 5☐

叼	[diāo]	입에 물다
吊	[diào]	걸다, 매달다
调动	[diàodòng]	교환하다
雕刻	[diāokè]	조각하다
雕塑	[diāosù]	조소하다
抵达	[dǐdá]	도달하다
跌	[diē]	쓰러지다, 넘어지다
抵抗	[dǐkàng]	저항하다
盯	[dīng]	주시하다, 응시하다
定期	[dìngqī]	날짜를 정하다
叮嘱	[dīngzhǔ]	신신당부하다
敌视	[díshì]	적대시하다
丢人	[diūrén]	체면을 잃다
递增	[dìzēng]	점점 늘다
抵制	[dǐzhì]	보이콧하다
动荡	[dòngdàng]	불안하다, 뒤숭숭하다
冻结	[dòngjié]	얼다, 얼리다
动身	[dòngshēn]	출발하다, 떠나다
动手	[dòngshǒu]	하다, 시작하다
动员	[dòngyuán]	동원하다

6급

☐	斗争	[dòuzhēng]	투쟁하다
☐	断定	[duàndìng]	단정하다
☐	断绝	[duànjué]	단절하다
☐	赌博	[dǔbó]	도박하다
☐	独裁	[dúcái]	독재하다
☐	督促	[dūcù]	독촉하다
☐	对付	[duìfu]	대처하다, 다루다
☐	堆积	[duījī]	쌓이다
☐	对抗	[duìkàng]	대항하다
☐	对立	[duìlì]	대립하다
☐	兑现	[duìxiàn]	(수표 등을) 현금으로 바꾸다
☐	对应	[duìyìng]	대응하다
☐	对照	[duìzhào]	대조하다
☐	杜绝	[dùjué]	제지하다
☐	堕落	[duòluò]	타락하다, 부패하다
☐	哆嗦	[duōsuō]	떨다
☐	多元化	[duōyuánhuà]	다원화하다
☐	堵塞	[dǔsè]	막히다, 가로막다
☐	恶化	[èhuà]	악화되다
☐	恶心	[ěxin]	구역이 나다, 속이 메스껍다

check! 1□ 2□ 3□ 4□ 5□

□	遏制	[èzhì]	저지하다, 억제하다
□	发布	[fābù]	선포하다, 발포하다
□	发财	[fācái]	큰돈을 벌다
□	发呆	[fādāi]	멍하다, 멍해지다
□	发动	[fādòng]	시동을 걸다
□	发觉	[fājué]	발견하다, 알아차리다
□	反驳	[fǎnbó]	반박하다
□	反感	[fǎngǎn]	반감을 가지다
□	放大	[fàngdà]	확대하다, 크게 하다
□	放射	[fàngshè]	방사하다, 방출하다
□	防守	[fángshǒu]	수비하다, 방어하다
□	访问	[fǎngwèn]	방문하다, 인터뷰하다
□	防御	[fángyù]	방어하다
□	防止	[fángzhǐ]	방지하다
□	防治	[fángzhì]	예방 치료하다
□	纺织	[fǎngzhī]	방직하다
□	反抗	[fǎnkàng]	반항하다, 저항하다
□	反馈	[fǎnkuì]	(정보나 반응이) 되돌아오다
□	泛滥	[fànlàn]	(물이) 범람하다
□	贩卖	[fànmài]	판매하다

6급

☐	反射	[fǎnshè]	반사하다
☐	反问	[fǎnwèn]	반문하다
☐	繁殖	[fánzhí]	번식하다
☐	发射	[fāshè]	쏘다, 발사하다
☐	发誓	[fāshì]	맹세하다
☐	发行	[fāxíng]	발행하다
☐	发炎	[fāyán]	염증이 생기다
☐	发扬	[fāyáng]	선양하여 발전시키다
☐	发育	[fāyù]	발육하다, 자라다
☐	诽谤	[fěibàng]	비방하다, 헐뜯다
☐	废除	[fèichú]	폐지하다
☐	沸腾	[fèiténg]	비등하다
☐	飞翔	[fēixiáng]	비상하다
☐	飞跃	[fēiyuè]	비약하다
☐	分辨	[fēnbiàn]	분별하다
☐	吩咐	[fēnfù]	분부하다
☐	逢	[féng]	만나다, 마주치다
☐	封闭	[fēngbì]	봉하다, 밀봉하다
☐	丰收	[fēngshōu]	풍작을 이루다
☐	封锁	[fēngsuǒ]	폐쇄하다, 봉쇄하다

☐	**奉献**	[fèngxiàn]	삼가 바치다, 기여하다
☐	**分红**	[fēnhóng]	이익을 분배하다
☐	**分解**	[fēnjiě]	분해하다
☐	**分裂**	[fēnliè]	분열하다
☐	**分泌**	[fēnmì]	분비하다
☐	**否决**	[fǒujué]	부결하다, 기각하다
☐	**腐败**	[fǔbài]	썩다, 부패하다
☐	**服从**	[fúcóng]	따르다, 복종하다
☐	**覆盖**	[fùgài]	덮다, 뒤덮다
☐	**附和**	[fùhè]	남의 언행을 따르다
☐	**复活**	[fùhuó]	부활하다
☐	**腐烂**	[fǔlàn]	부패하다
☐	**抚摸**	[fǔmō]	어루만지다, 쓰다듬다
☐	**服气**	[fúqì]	진심으로 탄복하다
☐	**辐射**	[fúshè]	복사하다, 방사하다
☐	**俯视**	[fǔshì]	굽어보다, 내려다보다
☐	**腐蚀**	[fǔshí]	부식하다
☐	**附属**	[fùshǔ]	부속되다, 귀속되다
☐	**复兴**	[fùxīng]	부흥하다
☐	**腐朽**	[fǔxiǔ]	썩다, 부패하다

6급

敷衍	[fūyǎn]	자세히 서술하다
抚养	[fǔyǎng]	(아이를) 부양하다
赋予	[fùyǔ]	(임무 등을) 부여하다
辅助	[fǔzhù]	돕다, 보조하다
改良	[gǎiliáng]	개량하다
盖章	[gàizhāng]	도장을 찍다
感慨	[gǎnkǎi]	감격하다
感染	[gǎnrǎn]	감염되다
干扰	[gānrǎo]	방해하다
干涉	[gānshè]	간섭하다
干预	[gānyù]	관여하다, 참견하다
告辞	[gàocí]	이별(작별)을 고하다
告诫	[gàojiè]	훈계하다, 타이르다
高涨	[gāozhǎng]	급증하다, 급상승하다
搁	[gē]	놓다, 두다
割	[gē]	절단하다, 자르다
隔离	[gélí]	분리시키다, 떼어놓다
耕地	[gēngdì]	논밭을 갈다
更新	[gēngxīn]	갱신하다
更正	[gēngzhèng]	정정하다

☐	跟随	[gēnsuí]	(뒤)따르다, 동행하다
☐	跟踪	[gēnzōng]	바짝 뒤를 따르다
☐	歌颂	[gēsòng]	(시로) 찬양하다
☐	供给	[gōngjǐ]	공급하다
☐	攻击	[gōngjī]	공격하다
☐	共计	[gòngjì]	합계하다
☐	攻克	[gōngkè]	점령하다
☐	公认	[gōngrèn]	공인하다
☐	公证	[gōngzhèng]	공증하다
☐	勾结	[gōujié]	결탁하다, 내통하다
☐	构思	[gòusī]	구상하다
☐	贯彻	[guànchè]	관철시키다
☐	灌溉	[guàngài]	논밭에 물을 대다
☐	观光	[guānguāng]	관광하다
☐	关怀	[guānhuái]	관심을 가지고 보살피다
☐	管辖	[guǎnxiá]	관할하다
☐	关照	[guānzhào]	돌보다, 보살피다
☐	鼓动	[gǔdòng]	선동하다, 부추기다
☐	辜负	[gūfù]	헛되게 하다, 저버리다
☐	跪	[guì]	무릎을 꿇다

6급

☐	规划	[guīhuà]	기획하다, 꾀하다
☐	归还	[guīhuán]	돌려주다
☐	孤立	[gūlì]	고립하다
☐	顾虑	[gùlǜ]	고려하다
☐	过渡	[guòdù]	과도하다
☐	过奖	[guòjiǎng]	과찬이십니다
☐	过滤	[guòlǜ]	거르다, 여과하다
☐	过问	[guòwèn]	참견하다, 따져 묻다
☐	雇佣	[gùyōng]	고용하다
☐	固执	[gùzhí]	고집하다
☐	航行	[hángxíng]	항행하다, 항해하다
☐	捍卫	[hànwèi]	지키다, 수호하다
☐	寒暄	[hánxuān]	(상투적인) 인사말을 나누다
☐	耗费	[hàofèi]	들이다, 낭비하다
☐	毫无	[háowú]	조금도 ~이 없다
☐	号召	[hàozhào]	호소하다
☐	呵	[hē]	입김을 불다
☐	合并	[hébìng]	합병하다, 합치다
☐	合成	[héchéng]	합성하다
☐	合伙	[héhuǒ]	한패가 되다

check! 1☐ 2☐ 3☐ 4☐ 5☐

☐	和解	[héjiě]	화해하다
☐	恨不得	[hènbude]	~하지 못해 한스럽다
☐	哼	[hēng]	신음하다
☐	狠心	[hěnxīn]	모질게 마음먹다
☐	烘	[hōng]	(불에) 말리다, 쬐다
☐	轰动	[hōngdòng]	뒤흔들다
☐	吼	[hǒu]	고함치다
☐	候选	[hòuxuǎn]	임용을 기다리다
☐	划分	[huàfēn]	나누다, 구획하다
☐	晃	[huǎng]	번쩍 하고 지나가다
☐	还原	[huányuán]	원상회복하다
☐	化验	[huàyàn]	화학 실험을 하다
☐	化妆	[huàzhuāng]	화장하다
☐	呼唤	[hūhuàn]	외치다, 소리치다
☐	汇报	[huìbào]	종합하여 보고하다
☐	回报	[huíbào]	보고하다
☐	回避	[huíbì]	회피하다, 피하다
☐	回顾	[huígù]	회고하다, 회상하다
☐	悔恨	[huǐhèn]	뼈저리게 뉘우치다
☐	挥霍	[huīhuò]	돈을 헤프게 쓰다

6급

☐	贿赂	[huìlù]	뇌물을 주다
☐	毁灭	[huǐmiè]	괴멸시키다
☐	回收	[huíshōu]	회수하다
☐	会晤	[huìwù]	만나다, 회견하다
☐	忽略	[hūlüè]	소홀히 하다
☐	混合	[hùnhé]	혼합하다
☐	昏迷	[hūnmí]	혼미하다
☐	混淆	[hùnxiáo]	뒤섞이다
☐	活该	[huógāi]	~한 것은 당연하다
☐	呼啸	[hūxiào]	날카롭고 긴 소리를 내다
☐	呼吁	[hūyù]	(동정이나 지지를) 구하다
☐	加工	[jiāgōng]	가공하다
☐	加剧	[jiājù]	격화되다, 악화되다
☐	溅	[jiàn]	(액체가) 튀다
☐	煎	[jiān]	(적은 기름에) 지지다, 부치다
☐	拣	[jiǎn]	간택하다
☐	鉴别	[jiànbié]	감별하다
☐	剪彩	[jiǎncǎi]	기념 테이프를 끊다
☐	鉴定	[jiàndìng]	감정하다

check! 1☐ 2☐ 3☐ 4☐ 5☐

☐	监督	[jiāndū]	감독하다
☐	将近	[jiāngjìn]	거의 ~에 근접하다
☐	将就	[jiāngjiu]	그런대로 ~할 만하다
☐	奖励	[jiǎnglì]	장려하다
☐	奖赏	[jiǎngshǎng]	상을 주다, 포상하다
☐	简化	[jiǎnhuà]	간소화하다
☐	监视	[jiānshì]	감시하다
☐	践踏	[jiàntà]	밟다, 디디다
☐	检讨	[jiǎntǎo]	자기비판하다
☐	检验	[jiǎnyàn]	검증하다, 검사하다
☐	鉴于	[jiànyú]	~의 점에서 보아
☐	搅拌	[jiǎobàn]	휘저어 섞다
☐	交叉	[jiāochā]	교차하다
☐	交代	[jiāodài]	설명하다, 알려 주다
☐	较量	[jiàoliàng]	(실력을) 겨루다
☐	缴纳	[jiǎonà]	납부하다, 납입하다
☐	交涉	[jiāoshè]	교섭하다, 협상하다
☐	交易	[jiāoyì]	교역하다
☐	夹杂	[jiāzá]	혼합하다, 뒤섞다
☐	继承	[jìchéng]	상속하다

☐	嫉妒	[jídù]	질투하다, 시기하다
☐	戒备	[jièbèi]	경비하다
☐	解除	[jiěchú]	없애다, 제거하다
☐	解放	[jiěfàng]	해방하다
☐	解雇	[jiěgù]	해고하다
☐	结晶	[jiéjīng]	결정하다
☐	揭露	[jiēlù]	폭로하다
☐	解剖	[jiěpōu]	해부하다
☐	解散	[jiěsàn]	해산하다
☐	结算	[jiésuàn]	결산하다
☐	解体	[jiětǐ]	해체되다
☐	截止	[jiézhǐ]	마감하다
☐	截至	[jiézhì]	~까지 마감이다
☐	节制	[jiézhì]	지휘 통솔하다
☐	借助	[jièzhù]	도움을 빌다
☐	激发	[jīfā]	(감정을) 불러일으키다
☐	忌讳	[jìhuì]	(말이나 행동을) 꺼리다
☐	计较	[jìjiào]	따지다
☐	激励	[jīlì]	격려하다, 북돋워 주다
☐	惊动	[jīngdòng]	놀라게 하다

☐	警告	[jǐnggào]	경고하다
☐	精简	[jīngjiǎn]	정간하다, 정선하다
☐	敬礼	[jìnglǐ]	경례하다
☐	进攻	[jìngōng]	공격하다
☐	竞赛	[jìngsài]	경쟁하다
☐	警惕	[jǐngtì]	경계하다
☐	精通	[jīngtōng]	정통하다
☐	竞选	[jìngxuǎn]	선거 운동을 하다
☐	敬业	[jìngyè]	자기의 일에 최선을 다하다
☐	进化	[jìnhuà]	진화하다
☐	浸泡	[jìnpào]	(오랜 시간 물에) 담그다
☐	晋升	[jìnshēng]	승진하다, 진급하다
☐	进展	[jìnzhǎn]	진전하다, 전진하다
☐	寄托	[jìtuō]	기탁하다, 맡기다
☐	救济	[jiùjì]	구제하다
☐	就业	[jiùyè]	취직하다
☐	纠正	[jiūzhèng]	교정하다, 바로잡다
☐	就职	[jiùzhí]	부임하다, 취임하다
☐	讥笑	[jīxiào]	비웃다, 조소하다
☐	给予	[jǐyǔ]	주다, 부여하다

6급

☐	记载	[jìzǎi]	기재하다, 기록하다
☐	卷	[juǎn]	말다, 감다
☐	绝望	[juéwàng]	절망하다
☐	觉悟	[juéwù]	깨닫다, 자각하다
☐	觉醒	[juéxǐng]	각성하다, 깨닫다
☐	咀嚼	[jǔjué]	(음식물을) 씹다
☐	拘留	[jūliú]	구류하다
☐	拘束	[jūshù]	제한하다, 한정하다
☐	居住	[jūzhù]	거주하다
☐	开采	[kāicǎi]	채굴하다
☐	开除	[kāichú]	제명하다, 해고하다
☐	开辟	[kāipì]	통하게 하다
☐	开拓	[kāituò]	개척하다
☐	开展	[kāizhǎn]	전개되다
☐	开支	[kāizhī]	지불하다, 지출하다
☐	看待	[kàndài]	대(우)하다, 다루다
☐	刊登	[kāndēng]	게재하다, 싣다
☐	砍伐	[kǎnfá]	나무를 베다
☐	扛	[káng]	(어깨에) 메다
☐	抗议	[kàngyì]	항의하다

☐	勘探	[kāntàn]	탐사하다, 조사하다
☐	考察	[kǎochá]	고찰하다
☐	考古	[kǎogǔ]	고고학을 연구하다
☐	考核	[kǎohé]	심사하다
☐	靠拢	[kàolǒng]	(간격을) 좁히다
☐	考验	[kǎoyàn]	시험하다
☐	磕	[kē]	부딪치다
☐	啃	[kěn]	물어뜯다
☐	坑	[kēng]	함정에 빠뜨리다
☐	渴望	[kěwàng]	갈망하다
☐	可行	[kěxíng]	실행할 만하다
☐	克制	[kèzhì]	억제하다, 자제하다
☐	恐吓	[kǒnghè]	으르다, 위협하다
☐	恐惧	[kǒngjù]	겁먹다, 두려워하다
☐	空想	[kōngxiǎng]	공상하다
☐	扣	[kòu]	채우다, 걸다
☐	挎	[kuà]	(팔에) 걸다, 끼다
☐	跨	[kuà]	뛰어넘다, 건너뛰다
☐	款待	[kuǎndài]	환대하다, 후하게 접대하다
☐	旷课	[kuàngkè]	무단결석하다

☐	亏待	[kuīdài]	푸대접하다
☐	亏损	[kuīsǔn]	결손나다, 적자 나다
☐	捆绑	[kǔnbǎng]	줄로 묶다
☐	扩充	[kuòchōng]	확충하다
☐	扩散	[kuòsàn]	확산하다
☐	扩张	[kuòzhāng]	확장하다
☐	哭泣	[kūqì]	(작은 소리로) 흐느껴 울다
☐	枯萎	[kūwěi]	시들다, 마르다
☐	捞	[lāo]	건지다, 끌어올리다
☐	唠叨	[láodao]	잔소리하다
☐	愣	[lèng]	멍해지다, 얼빠지다
☐	冷却	[lěngquè]	냉각하다, 냉각되다
☐	乐意	[lèyì]	기꺼이 ~하다
☐	晾	[liàng]	말리다
☐	谅解	[liàngjiě]	양해하다
☐	联欢	[liánhuān]	함께 모여 즐기다
☐	联络	[liánluò]	연락하다, 접촉하다
☐	联想	[liánxiǎng]	연상하다
☐	理睬	[lǐcǎi]	상대하다, 거들떠보다
☐	列举	[lièjǔ]	열거하다

☐	淋	[lín]	젖다
☐	临床	[línchuáng]	치료하다
☐	领会	[lǐnghuì]	깨닫다, 이해하다
☐	领悟	[lǐngwù]	깨닫다, 납득하다
☐	领先	[lǐngxiān]	앞장서다
☐	力求	[lìqiú]	온갖 노력을 다하다
☐	溜	[liū]	미끄러지다
☐	流浪	[liúlàng]	유랑하다, 방랑하다
☐	留恋	[liúliàn]	차마 떠나지 못하다
☐	流露	[liúlù]	(생각 · 감정을) 무심코 드러내다
☐	留念	[liúniàn]	기념으로 남기다
☐	留神	[liúshén]	주의하다, 조심하다
☐	例外	[lìwài]	예외로 하다
☐	力争	[lìzhēng]	매우 노력하다
☐	立足	[lìzú]	발붙이다
☐	垄断	[lǒngduàn]	농단하다
☐	笼罩	[lǒngzhào]	덮어씌우다
☐	搂	[lǒu]	(두 팔로) 껴안다
☐	落成	[luòchéng]	준공되다

6급

☐	落实	[luòshí]	실현되다
☐	掠夺	[lüèduó]	빼앗다, 강탈하다
☐	履行	[lǚxíng]	이행하다
☐	麻痹	[mábì]	마비되다
☐	迈	[mài]	내디디다, 내딛다
☐	埋伏	[máifú]	매복하다
☐	埋没	[máimò]	매몰되다, 묻히다
☐	忙碌	[mánglù]	서두르다
☐	蔓延	[mànyán]	만연하다
☐	埋怨	[mányuàn]	탓하다
☐	冒充	[màochōng]	사칭하다
☐	冒犯	[màofàn]	무례하다, 실례하다
☐	麻醉	[mázuì]	마취하다
☐	萌芽	[méngyá]	(식물이) 싹트다
☐	眯	[mī]	실눈을 뜨다
☐	勉励	[miǎnlì]	면려하다, 장려하다
☐	免疫	[miǎnyì]	면역이 되다
☐	描绘	[miáohuì]	베끼다, 그리다
☐	藐视	[miǎoshì]	경시하다, 얕보다
☐	瞄准	[miáozhǔn]	겨누다, 조준하다

弥补	[míbǔ]	메우다
蔑视	[mièshì]	멸시하다
灭亡	[mièwáng]	멸망하다
密封	[mìfēng]	밀봉하다
迷惑	[míhuò]	미혹되다
弥漫	[mímàn]	(연기 등이) 자욱하다
命名	[mìngmíng]	명명하다, 이름짓다
迷人	[mírén]	사람을 홀리다
摩擦	[mócā]	마찰하다, 비비다
磨合	[móhé]	길들(이)다
抹杀	[mǒshā]	말살하다, 없애다
摸索	[mōsuǒ]	모색하다
谋求	[móuqiú]	강구하다, 꾀하다
目睹	[mùdǔ]	직접 보다
沐浴	[mùyù]	목욕하다
恼火	[nǎohuǒ]	화내다, 노하다
拟定	[nǐdìng]	입안하다, 초안을 세우다
捏	[niē]	(손가락으로) 집다
拧	[nǐng]	틀다, 비틀다
凝固	[nínggù]	응고하다, 굳어지다

6급

凝聚	[níngjù]	맺히다
凝视	[níngshì]	주목하다, 눈여겨보다
扭转	[niǔzhuǎn]	교정하다, 바로잡다
逆行	[nìxíng]	역행하다
挪	[nuó]	옮기다, 움직이다
虐待	[nüèdài]	학대하다
殴打	[ōudǎ]	구타하다
呕吐	[ǒutù]	구토하다
趴	[pā]	엎드리다
排斥	[páichì]	배척하다
排除	[páichú]	제거하다, 없애다
排放	[páifàng]	배출하다, 방류하다
徘徊	[páihuái]	거닐다, 배회하다
排练	[páiliàn]	리허설을 하다
派遣	[pàiqiǎn]	파견하다
攀登	[pāndēng]	등반하다
判决	[pànjué]	판결하다, 선고하다
盘旋	[pánxuán]	선회하다, 빙빙 돌다
抛弃	[pāoqì]	버리다, 포기하다
配备	[pèibèi]	배치하다, 배분하다

☐	**配套**	[pèitào]	하나의 세트로 만들다
☐	**培育**	[péiyù]	기르다, 재배하다
☐	**捧**	[pěng]	두 손으로 받쳐 들다, 받들다
☐	**烹饪**	[pēngrèn]	요리하다
☐	**劈**	[pī]	쪼개다, 패다
☐	**漂浮**	[piāofú]	(물 위에) 뜨다
☐	**飘扬**	[piāoyáng]	펄럭이다, 휘날리다
☐	**撇**	[piě]	던지다, 내던지다
☐	**批发**	[pīfā]	도매하다
☐	**拼搏**	[pīnbó]	전력을 다해 분투하다
☐	**品尝**	[pǐncháng]	맛보다, 시식하다
☐	**评估**	[pínggū]	평가하다
☐	**评论**	[pínglùn]	평론하다, 논의하다
☐	**拼命**	[pīnmìng]	기를 쓰다
☐	**批判**	[pīpàn]	비판하다
☐	**譬如**	[pìrú]	예를 들다
☐	**泼**	[pō]	(액체를) 뿌리다, 붓다
☐	**迫害**	[pòhài]	박해하다, 학대하다
☐	**破例**	[pòlì]	상례를 깨다
☐	**扑**	[pū]	돌진하여 덮치다

6급

☐	铺	[pū]	(물건을) 깔다, 펴다
☐	普及	[pǔjí]	보급되다, 확산되다
☐	掐	[qiā]	(손가락으로) 꼬집다
☐	牵	[qiān]	끌다, 끌어 잡아당기다
☐	牵扯	[qiānchě]	연루되다, 관련되다
☐	抢劫	[qiǎngjié]	강도짓하다, 빼앗다
☐	抢救	[qiǎngjiù]	구출하다, 응급 처치하다
☐	强迫	[qiǎngpò]	강요하다
☐	强制	[qiángzhì]	강제하다
☐	迁就	[qiānjiù]	(마지못해) 영합하다
☐	签署	[qiānshǔ]	정식 서명하다
☐	潜水	[qiánshuǐ]	잠수하다
☐	迁徙	[qiānxǐ]	옮겨 가다
☐	谴责	[qiǎnzé]	비난하다, 질책하다
☐	牵制	[qiānzhì]	견제하다
☐	洽谈	[qiàtán]	협의하다, 상담하다
☐	起草	[qǐcǎo]	기초하다
☐	启程	[qǐchéng]	출발하다, 길을 나서다
☐	欺负	[qīfu]	얕보다, 괴롭히다
☐	起伏	[qǐfú]	기복을 이루다

check! 1□ 2□ 3□ 4□ 5□

□	起哄	[qǐhòng]	놀리다, 조롱하다
□	启蒙	[qǐméng]	계몽하다
□	侵犯	[qīnfàn]	침범하다
□	清除	[qīngchú]	깨끗이 없애다
□	请教	[qǐngjiào]	가르침을 청하다
□	清理	[qīnglǐ]	깨끗이 정리하다
□	请示	[qǐngshì]	지시를 바라다
□	倾听	[qīngtīng]	귀를 기울여 듣다
□	倾向	[qīngxiàng]	기울다, 쏠리다, 치우치다
□	勤劳	[qínláo]	열심히 일하다
□	侵略	[qīnlüè]	침략하다
□	钦佩	[qīnpèi]	탄복하다
□	欺骗	[qīpiàn]	속이다, 기만하다
□	启示	[qǐshì]	계시하다, 시사하다
□	期望	[qīwàng]	기대하다, 바라다
□	起源	[qǐyuán]	기원하다
□	取缔	[qǔdì]	(공개적으로) 금지를 명하다
□	瘸	[qué]	절뚝거리다
□	确保	[quèbǎo]	확보하다
□	确立	[quèlì]	확립하다

6급

☐	缺席	[quēxí]	결석하다
☐	确信	[quèxìn]	확신하다
☐	区分	[qūfēn]	구분하다
☐	屈服	[qūfú]	굴복하다
☐	驱逐	[qūzhú]	몰아내다
☐	染	[rǎn]	염색하다, 물들이다
☐	嚷	[rǎng]	큰 소리로 부르다, 외치다
☐	让步	[ràngbù]	양보하다
☐	扰乱	[rǎoluàn]	혼란시키다, 어지럽히다
☐	饶恕	[ráoshù]	(처벌을) 면해 주다
☐	惹祸	[rěhuò]	화를 초래하다
☐	认定	[rèndìng]	인정하다
☐	认可	[rènkě]	승낙하다, 인가하다
☐	任命	[rènmìng]	임명하다
☐	忍耐	[rěnnài]	인내하다, 참다
☐	融化	[rónghuà]	녹다, 융해되다
☐	溶解	[róngjiě]	용해하다
☐	容纳	[róngnà]	수용하다
☐	容忍	[róngrěn]	용인하다, 참고 견디다
☐	揉	[róu]	비비다, 문지르다

☐	撒谎	[sāhuǎng]	거짓말을 하다
☐	散布	[sànbù]	퍼져 있다
☐	散发	[sànfā]	발산하다, 퍼지다
☐	丧失	[sàngshī]	잃어버리다, 상실하다
☐	骚扰	[sāorǎo]	소란을 피우다
☐	刹车	[shāchē]	브레이크를 걸다
☐	筛选	[shāixuǎn]	체로 치다
☐	擅长	[shàncháng]	뛰어나다
☐	上进	[shàngjìn]	향상하다
☐	上任	[shàngrèn]	부임하다, 취임하다
☐	上瘾	[shàngyǐn]	중독되다
☐	闪烁	[shǎnshuò]	번쩍번쩍하다
☐	擅自	[shànzì]	자기 멋대로 하다
☐	捎	[shāo]	가는 김에 지니고 가다
☐	哨	[shào]	순시하다, 순찰하다, 정찰하다
☐	涉及	[shèjí]	관련되다, 연관되다
☐	设立	[shèlì]	설립하다
☐	申报	[shēnbào]	서면으로 보고하다
☐	审查	[shěnchá]	심사하다, 검열하다

6급

☐	盛产	[shèngchǎn]	많이 나다, 많이 생산하다
☐	生存	[shēngcún]	생존하다
☐	盛开	[shèngkāi]	(꽃이) 활짝 피다, 만발하다
☐	声明	[shēngmíng]	공개적으로 선언하다
☐	生效	[shēngxiào]	효과가 나타나다
☐	盛行	[shèngxíng]	성행하다
☐	生锈	[shēngxiù]	녹이 슬다
☐	生育	[shēngyù]	출산하다
☐	审理	[shěnlǐ]	심리하다
☐	审美	[shěnměi]	아름다움을 감상하고 평가하다
☐	审判	[shěnpàn]	심판하다
☐	渗透	[shèntòu]	(액체가) 스며들다
☐	呻吟	[shēnyín]	신음하다
☐	设想	[shèxiǎng]	가상하다, 상상하다
☐	设置	[shèzhì]	설치하다
☐	拾	[shí]	줍다
☐	识别	[shíbié]	식별하다
☐	示范	[shìfàn]	시범하다
☐	释放	[shìfàng]	석방하다

☐	施加	[shījiā]	(압력 등을) 주다, 가하다
☐	失事	[shīshì]	의외의 사고가 발생하다
☐	实施	[shíshī]	실시하다, 실행하다
☐	逝世	[shìshì]	서거하다, 세상을 떠나다
☐	试图	[shìtú]	시도하다
☐	示威	[shìwēi]	시위하다
☐	失误	[shīwù]	실수를 하다, 잘못 하다
☐	实行	[shíxíng]	실행하다
☐	试验	[shìyàn]	시험하다, 실험하다
☐	示意	[shìyì]	의사를 나타내다
☐	适宜	[shìyí]	적합하다, 적당하다, 적절하다, 좋다
☐	施展	[shīzhǎn]	발휘하다
☐	失踪	[shīzōng]	실종되다
☐	收藏	[shōucáng]	소장하다
☐	守护	[shǒuhù]	지키다, 수호하다
☐	收缩	[shōusuō]	수축하다
☐	授予	[shòuyǔ]	(학위 등을) 수여하다
☐	受罪	[shòuzuì]	고생하다
☐	束	[shù]	묶다, 매다

6급

☐	耍	[shuǎ]	놀리다, 장난하다
☐	率领	[shuàilǐng]	거느리다, 이끌다
☐	衰退	[shuāituì]	쇠약해지다
☐	束缚	[shùfù]	구속하다, 속박하다
☐	疏忽	[shūhu]	소홀히 하다
☐	树立	[shùlì]	수립하다, 세우다
☐	思念	[sīniàn]	그리워하다
☐	思索	[sīsuǒ]	사색하다
☐	饲养	[sìyǎng]	먹이다, 기르다
☐	耸	[sǒng]	치솟다, 우뚝 솟다
☐	算数	[suànshù]	숫자를 세다
☐	损坏	[sǔnhuài]	손상시키다
☐	索取	[suǒqǔ]	요구하다
☐	诉讼	[sùsòng]	소송하다
☐	苏醒	[sūxǐng]	되살아나다
☐	塑造	[sùzào]	빚어서 만들다
☐	塌	[tā]	꺼지다, 움푹 패다
☐	摊	[tān]	늘어놓다, 벌이다
☐	探测	[tàncè]	관측하다, 탐지하다
☐	瘫痪	[tānhuàn]	반신불수가 되다

☐	叹气	[tànqì]	탄식하다
☐	探索	[tànsuǒ]	탐색하다
☐	探讨	[tàntǎo]	탐구하다
☐	探望	[tànwàng]	방문하다
☐	贪污	[tānwū]	횡령하다
☐	掏	[tāo]	꺼내다, 끄집어내다
☐	讨好	[tǎohǎo]	잘 보이다, 환심을 사다,
☐	淘汰	[táotài]	도태하다, 추려내다
☐	陶醉	[táozuì]	도취하다
☐	舔	[tiǎn]	핥다
☐	天赋	[tiānfù]	천부적이다, 타고나다
☐	挑拨	[tiǎobō]	충동질하다
☐	调和	[tiáohé]	골고루 섞다
☐	调剂	[tiáojì]	조정하다
☐	调节	[tiáojié]	조절하다
☐	调解	[tiáojiě]	조정하다, 중재하다
☐	挑剔	[tiāotī]	지나치게 트집잡다
☐	挑衅	[tiǎoxìn]	도전하다
☐	跳跃	[tiàoyuè]	뛰어오르다
☐	提拔	[tíbá]	발탁하다

6급

☐	提炼	[tíliàn]	추출하다
☐	体谅	[tǐliàng]	알아주다, 이해하다
☐	停泊	[tíngbó]	(배가) 정박하다
☐	停顿	[tíngdùn]	머물다, 묵다
☐	停滞	[tíngzhì]	정체되다, 막히다
☐	提示	[tíshì]	일러 주다, 힌트를 주다
☐	提议	[tíyì]	제의하다
☐	通缉	[tōngjī]	지명 수배하다
☐	统计	[tǒngjì]	통계하다
☐	通讯	[tōngxùn]	편지를 내다, 통신하다
☐	通用	[tōngyòng]	통용되다
☐	统治	[tǒngzhì]	통치하다
☐	投机	[tóujī]	투기하다
☐	透露	[tòulù]	넌지시 드러내다
☐	投票	[tóupiào]	투표하다
☐	投诉	[tóusù]	호소하다
☐	投降	[tóuxiáng]	투항하다
☐	投掷	[tóuzhì]	던지다, 투척하다
☐	团结	[tuánjié]	단결하다, 뭉치다
☐	团圆	[tuányuán]	한 자리에 모이다

check! 1□ 2□ 3□ 4□ 5□

☐	推测	[tuīcè]	추측하다, 헤아리다
☐	推翻	[tuīfān]	뒤집어엎다
☐	推理	[tuīlǐ]	추리하다
☐	推论	[tuīlùn]	추론하다
☐	推销	[tuīxiāo]	판로를 확장하다
☐	涂抹	[túmǒ]	칠하다, 바르다
☐	脱离	[tuōlí]	벗어나다
☐	唾弃	[tuòqì]	돌아보지 않고 버리다
☐	妥协	[tuǒxié]	타협하다, 타결되다
☐	拖延	[tuōyán]	(시간을) 끌다
☐	托运	[tuōyùn]	탁송하다
☐	突破	[tūpò]	돌파하다
☐	瓦解	[wǎjiě]	와해되다
☐	挖掘	[wājué]	파(내)다, 캐다
☐	完毕	[wánbì]	끝내다, 마치다
☐	妄想	[wàngxiǎng]	망상하다
☐	挽回	[wǎnhuí]	만회하다
☐	挽救	[wǎnjiù]	(위험에서) 구해 내다
☐	玩弄	[wánnòng]	희롱하다
☐	惋惜	[wǎnxī]	애석해하다

6급

☐	违背	[wéibèi]	위반하다
☐	维持	[wéichí]	유지하다, 지키다
☐	维护	[wéihù]	유지하고 보호하다
☐	畏惧	[wèijù]	두려워하다
☐	为期	[wéiqī]	기한으로 하다
☐	委托	[wěituō]	위탁하다
☐	慰问	[wèiwèn]	위문하다
☐	伪造	[wěizào]	위조하다, 날조하다
☐	问世	[wènshì]	(저작물 등이) 세상에 나오다
☐	误解	[wùjiě]	오해하다
☐	污蔑	[wūmiè]	모독하다
☐	侮辱	[wǔrǔ]	모욕하다
☐	诬陷	[wūxiàn]	사실을 날조하여 모함하다
☐	相差	[xiāngchà]	서로 차이가 나다
☐	向导	[xiàngdǎo]	길을 안내하다
☐	相等	[xiāngděng]	같다, 대등하다
☐	镶嵌	[xiāngqiàn]	끼워 넣다
☐	向往	[xiàngwǎng]	열망하다
☐	相应	[xiāngyìng]	상응하다
☐	响应	[xiǎngyìng]	(구두로) 대답하다

check! 1□ 2□ 3□ 4□ 5□

☐	**陷害**	[xiànhài]	모함하다
☐	**衔接**	[xiánjiē]	맞물리다
☐	**掀起**	[xiānqǐ]	열다, 벗기다
☐	**陷入**	[xiànrù]	(불리한 지경에) 빠지다
☐	**削**	[xiāo]	깎다, 벗기다
☐	**消除**	[xiāochú]	없애다, 해소하다
☐	**消毒**	[xiāodú]	소독하다
☐	**消耗**	[xiāohào]	소모하다
☐	**销毁**	[xiāohuǐ]	소각하다
☐	**消灭**	[xiāomiè]	소멸하다
☐	**携带**	[xiédài]	휴대하다, 지니다
☐	**谢绝**	[xièjué]	사절하다, 정중히 거절하다
☐	**泄露**	[xièlòu]	누설하다, 폭로하다
☐	**泄气**	[xièqì]	공기가 새다, 바람이 빠지다
☐	**协商**	[xiéshāng]	협상하다, 협의하다
☐	**协议**	[xiéyì]	협의하다
☐	**协助**	[xiézhù]	협조하다
☐	**袭击**	[xíjī]	기습하다
☐	**熄灭**	[xīmiè]	(등이나 불이) 꺼지다
☐	**信赖**	[xìnlài]	신뢰하다

6급

☐	心疼	[xīnténg]	아까워하다, 애석해하다
☐	牺牲	[xīshēng]	대가를 치르다
☐	绣	[xiù]	수놓다
☐	修复	[xiūfù]	수리하여 복원하다
☐	修建	[xiūjiàn]	건조하다, 건설하다
☐	修养	[xiūyǎng]	수련(수양)하다
☐	选拔	[xuǎnbá]	(인재를) 선발하다
☐	悬挂	[xuánguà]	걸다, 매달다
☐	选举	[xuǎnjǔ]	선거하다, 선출하다
☐	宣誓	[xuānshì]	선서하다
☐	宣扬	[xuānyáng]	선양하다, 널리 알리다
☐	炫耀	[xuànyào]	밝게 비추다
☐	旋转	[xuánzhuǎn]	(빙빙) 돌다, 회전하다
☐	削弱	[xuēruò]	약화되다, 약해지다
☐	酗酒	[xùjiǔ]	무절제하게 술을 마시다
☐	许可	[xǔkě]	허가하다, 승낙하다
☐	畜牧	[xùmù]	축산하다, 목축하다
☐	循环	[xúnhuán]	순환하다
☐	巡逻	[xúnluó]	순찰하다, 순시하다
☐	寻觅	[xúnmì]	찾다

check! 1☐ 2☐ 3☐ 4☐ 5☐

☐	熏陶	[xūntáo]	훈도하다
☐	演变	[yǎnbiàn]	변천하다
☐	掩护	[yǎnhù]	몰래 보호하다
☐	严禁	[yánjìn]	엄금하다
☐	淹没	[yānmò]	(큰물에) 잠기다, 수몰되다
☐	延期	[yánqī]	(기간을) 연장하다, 늘리다
☐	延伸	[yánshēn]	펴다, 늘이다
☐	掩饰	[yǎnshì]	(결점 따위를) 덮어 숨기다
☐	验收	[yànshōu]	검수하다
☐	厌恶	[yànwù]	혐오하다, 몹시 싫어하다
☐	演习	[yǎnxí]	훈련하다, 연습하다
☐	延续	[yánxù]	계속하다, 지속하다
☐	演绎	[yǎnyì]	벌여 놓다, 전개하다
☐	验证	[yànzhèng]	검증하다
☐	演奏	[yǎnzòu]	연주하다
☐	摇摆	[yáobǎi]	흔들거리다
☐	摇滚	[yáogǔn]	흔들고 구르다
☐	遥控	[yáokòng]	(기계 등을) 원격 조종하다
☐	压迫	[yāpò]	억압하다
☐	压缩	[yāsuō]	압축하다

6급

☐	压榨	[yāzhà]	압착하다
☐	压制	[yāzhì]	억제하다
☐	遗传	[yíchuán]	유전하다
☐	疑惑	[yíhuò]	의심하다
☐	依旧	[yījiù]	여전하다
☐	依据	[yījù]	의거하다
☐	依靠	[yīkào]	의존하다
☐	依赖	[yīlài]	의지하다, 기대다
☐	遗留	[yíliú]	남겨 놓다, 남기다
☐	隐蔽	[yǐnbì]	은폐하다, 가리다
☐	引导	[yǐndǎo]	인도하다
☐	应酬	[yìngchou]	응대하다
☐	应邀	[yìngyāo]	초청에 응하다
☐	隐瞒	[yǐnmán]	숨기다, 속이다
☐	阴谋	[yīnmóu]	음모하다, 음모를 꾸미다
☐	饮食	[yǐnshí]	음식을 먹고 마시다
☐	引用	[yǐnyòng]	인용하다
☐	遗失	[yíshī]	유실하다, 분실하다
☐	依托	[yītuō]	의지하다, 기대다
☐	意味着	[yìwèizhe]	의미하다, 뜻하다

☐	拥护	[yōnghù]	옹호하다, 지지하다
☐	涌现	[yǒngxiàn]	한꺼번에 나타나다
☐	拥有	[yōngyǒu]	보유하다, 소유하다
☐	勇于	[yǒngyú]	용감하게 ~하다
☐	踊跃	[yǒngyuè]	펄쩍 뛰어오르다
☐	诱惑	[yòuhuò]	꾀다, 유혹하다
☐	犹如	[yóurú]	마치 ~와 같다
☐	优先	[yōuxiān]	우선하다
☐	愈	[yù]	(병이) 낫다
☐	约束	[yuēshù]	단속하다, 규제하다
☐	预料	[yùliào]	예상하다, 예측하다
☐	熨	[yùn]	다리다, 다림질하다
☐	蕴藏	[yùncáng]	잠재하다, 묻히다
☐	酝酿	[yùnniàng]	술을 빚다
☐	运算	[yùnsuàn]	연산하다
☐	运行	[yùnxíng]	운행하다
☐	孕育	[yùnyù]	낳아 기르다
☐	预期	[yùqī]	예기하다, 미리 기대하다
☐	预算	[yùsuàn]	예산하다
☐	预言	[yùyán]	예언하다

6급

预兆	[yùzhào]	조짐을 보이다
砸	[zá]	눌러 으스러뜨리다, 찧다
宰	[zǎi]	주관하다
栽培	[zāipéi]	재배하다
在意	[zàiyì]	마음에 두다
杂交	[zájiāo]	교배하다
攒	[zǎn]	쌓다, 모으다
赞叹	[zàntàn]	찬탄하다
赞助	[zànzhù]	찬조하다, 지지하다
遭受	[zāoshòu]	입다, 당하다
糟蹋	[zāotà]	낭비하다, 못 쓰게 하다
遭殃	[zāoyāng]	재난을 입다
遭遇	[zāoyù]	조우하다, 맞닥뜨리다
责怪	[zéguài]	원망하다, 나무라다
赠送	[zèngsòng]	증정하다
增添	[zēngtiān]	더하다, 늘리다
眨	[zhǎ]	(눈을) 깜박거리다
扎	[zhā]	(뾰족한 물건으로) 찌르다
沾光	[zhānguāng]	덕을 보다
占据	[zhànjù]	점거하다, 점유하다

check! 1☐ 2☐ 3☐ 4☐ 5☐

☐ 占领	[zhànlǐng]	점령하다
☐ 展示	[zhǎnshì]	드러내다, 나타내다
☐ 展望	[zhǎnwàng]	먼 곳을 보다
☐ 展现	[zhǎnxiàn]	드러내다, 나타나다
☐ 瞻仰	[zhānyǎng]	우러러보다,
☐ 招标	[zhāobiāo]	입찰 공고하다
☐ 着迷	[zháomí]	몰두하다
☐ 招收	[zhāoshōu]	모집하다
☐ 照样	[zhàoyàng]	어떤 모양대로 하다
☐ 照耀	[zhàoyào]	밝게 비추다
☐ 诈骗	[zhàpiàn]	속이다, 갈취하다
☐ 折	[zhé]	꺾다, 끊다
☐ 遮挡	[zhēdǎng]	막다, 차단하다
☐ 折磨	[zhémó]	고통스럽게 하다, 괴롭히다
☐ 正当	[zhèngdāng]	마침 ~한 시기이다
☐ 整顿	[zhěngdùn]	정비하다
☐ 争夺	[zhēngduó]	쟁탈하다, 다투다
☐ 蒸发	[zhēngfā]	증발하다
☐ 征服	[zhēngfú]	정복하다
☐ 争气	[zhēngqì]	잘 하려고 애쓰다

6급

☐	证实	[zhèngshí]	실증하다
☐	征收	[zhēngshōu]	(세금을) 징수하다
☐	争议	[zhēngyì]	논의하다, 논쟁하다
☐	挣扎	[zhēngzhá]	발버둥치다
☐	震撼	[zhènhàn]	진동시키다, 뒤흔들다
☐	侦探	[zhēntàn]	정탐하다
☐	振兴	[zhènxīng]	진흥시키다
☐	斟酌	[zhēnzhuó]	헤아리다, 짐작하다
☐	折腾	[zhēteng]	고통스럽게 하다, 구박하다
☐	值班	[zhíbān]	당번이 되다, 당직을 맡다
☐	直播	[zhíbō]	직접 파종하다
☐	制裁	[zhìcái]	제재하다
☐	支撑	[zhīchēng]	버티다
☐	支出	[zhīchū]	지출하다
☐	致辞	[zhìcí]	인사말을 하다
☐	指定	[zhǐdìng]	지정하다
☐	致力	[zhìlì]	힘쓰다, 진력하다
☐	治理	[zhìlǐ]	통치하다, 다스리다
☐	指令	[zhǐlìng]	지시하다, 명령하다
☐	滞留	[zhìliú]	~에 머물다

☐	支配	[zhīpèi]	안배하다, 분배하다
☐	致使	[zhìshǐ]	~를 초래하다
☐	指示	[zhǐshì]	가리키다
☐	指望	[zhǐwàng]	기대하다, 바라다
☐	执行	[zhíxíng]	집행하다
☐	支援	[zhīyuán]	지원하다
☐	制约	[zhìyuē]	제약하다
☐	指责	[zhǐzé]	지적하다, 나무라다
☐	制止	[zhìzhǐ]	제지(저지)하다
☐	中断	[zhōngduàn]	중단하다, 중단되다
☐	中立	[zhōnglì]	중립하다
☐	终止	[zhōngzhǐ]	마치다, 정지하다
☐	种植	[zhòngzhí]	씨를 뿌리고 묘목을 심다
☐	周转	[zhōuzhuǎn]	융통하다, 변통하다
☐	拄	[zhǔ]	(지팡이로) 짚다
☐	拽	[zhuài]	잡아당기다
☐	转达	[zhuǎndá]	전하다, 전달하다
☐	装卸	[zhuāngxiè]	조립하고 해체하다
☐	转让	[zhuǎnràng]	양도하다, 넘겨주다
☐	转移	[zhuǎnyí]	옮기다, 이동시키다

6급

☐	转折	[zhuǎnzhé]	방향이 바뀌다
☐	主办	[zhǔbàn]	주최하다
☐	嘱咐	[zhǔfù]	분부하다, 당부하다
☐	主管	[zhǔguǎn]	주관하다
☐	坠	[zhuì]	떨어지다, 추락하다
☐	追悼	[zhuīdào]	추모하다, 추도하다
☐	追究	[zhuījiū]	추궁하다, 따지다
☐	助理	[zhùlǐ]	보조하다, 보좌하다
☐	着手	[zhuóshǒu]	착수하다
☐	着想	[zhuóxiǎng]	고려하다, 염두에 두다
☐	着重	[zhuózhòng]	힘을 주다, 강조하다
☐	注射	[zhùshè]	주사하다
☐	注视	[zhùshì]	(면밀하게) 주시하다
☐	注释	[zhùshì]	주해하다, 주석하다
☐	铸造	[zhùzào]	주조하다
☐	驻扎	[zhùzhā]	주둔하다
☐	注重	[zhùzhòng]	중시하다
☐	著作	[zhùzuò]	저작하다
☐	资助	[zīzhù]	(재물로) 돕다
☐	自主	[zìzhǔ]	자주적으로 하다

☐	**揍**	[zòu]	(사람을) 때리다, 치다
☐	**走漏**	[zǒulòu]	(정보를) 누설하다
☐	**走私**	[zǒusī]	밀수하다
☐	**阻碍**	[zǔ'ài]	가로막다
☐	**钻研**	[zuānyán]	깊이 연구하다, 파고들다
☐	**阻拦**	[zǔlán]	저지하다, 방해하다
☐	**租赁**	[zūlìn]	임차하다, (세를 주고) 빌리다
☐	**阻挠**	[zǔnáo]	가로막다, 방해하다
☐	**遵循**	[zūnxún]	따르다
☐	**作弊**	[zuòbì]	법이나 규정을 어기다
☐	**作废**	[zuòfèi]	폐기하다
☐	**琢磨**	[zuómo]	깊이 생각하다
☐	**作息**	[zuòxī]	일하고 휴식하다

6급 형용사 形容词

暧昧	[àimèi]	애매하다
昂贵	[ángguì]	비싸다
安宁	[ānníng]	(마음이) 편하다
安详	[ānxiáng]	침착하다
凹凸	[āotū]	울퉁불퉁하다
饱和	[bǎohé]	최고조에 달하다
保守	[bǎoshǒu]	보수적이다
悲哀	[bēi'āi]	슬프고 애통하다
卑鄙	[bēibǐ]	비열하다
悲惨	[bēicǎn]	비참하다
被动	[bèidòng]	수동적이다
笨拙	[bènzhuō]	멍청하다
扁	[biǎn]	평평하다, 납작하다
便利	[biànlì]	편리하다
别扭	[bièniu]	(말이나 글이) 어색하다
别致	[biézhi]	색다르다
闭塞	[bìsè]	소식에 어둡다
薄弱	[bóruò]	박약하다

☐	不得已	[bùdéyǐ]	부득이하다, 마지못하다
☐	不像话	[búxiànghuà]	말이 안 된다
☐	苍白	[cāngbái]	창백하다
☐	仓促	[cāngcù]	촉박하다
☐	残酷	[cánkù]	잔혹하다
☐	灿烂	[cànlàn]	찬란하다
☐	残忍	[cánrěn]	잔인하다
☐	草率	[cǎoshuài]	적당히 하다
☐	嘈杂	[cáozá]	떠들썩하다
☐	昌盛	[chāngshèng]	창성하다
☐	畅通	[chàngtōng]	원활하다
☐	畅销	[chàngxiāo]	잘 팔리다
☐	诚挚	[chéngzhì]	진지하다
☐	陈旧	[chénjiù]	낡다, 오래 되다
☐	沉闷	[chénmèn]	명랑하지 않다
☐	沉重	[chénzhòng]	몹시 무겁다
☐	沉着	[chénzhuó]	침착하다
☐	迟钝	[chídùn]	둔하다, 무디다
☐	迟缓	[chíhuǎn]	느리다, 완만하다
☐	持久	[chíjiǔ]	지속되다

☐	吃力	[chīlì]	힘들다, 고달프다
☐	迟疑	[chíyí]	망설이다
☐	崇高	[chónggāo]	숭고하다
☐	充沛	[chōngpèi]	넘쳐흐르다
☐	充实	[chōngshí]	충분하다
☐	充足	[chōngzú]	충족하다
☐	丑恶	[chǒu'è]	추악하다
☐	稠密	[chóumì]	조밀하다
☐	初步	[chūbù]	처음 단계의, 초보적인
☐	垂直	[chuízhí]	수직의
☐	纯粹	[chúncuì]	순수하다
☐	纯洁	[chúnjié]	순결하다
☐	慈善	[císhàn]	동정심이 많다
☐	慈祥	[cíxiáng]	자애롭다
☐	从容	[cóngróng]	침착하다
☐	凑合	[còuhe]	그런대로 ~할 만하다
☐	脆弱	[cuìruò]	연약하다, 무르다
☐	粗鲁	[cūlǔ]	거칠고 우악스럽다
☐	大不了	[dàbuliǎo]	대단하다
☐	胆怯	[dǎnqiè]	겁내다, 겁이 많다

check! 1□ 2□ 3□ 4□ 5□

大意	[dàyi]	부주의하다
陡峭	[dǒuqiào]	험준하다, 가파르다
端	[duān]	똑바르다, 곧다
短促	[duǎncù]	(시간이) 매우 짧다
端正	[duānzhèng]	단정하다
对称	[duìchèn]	대칭이다
对付	[duìfu]	(마음이) 맞다
额外	[éwài]	정액 외의
反常	[fǎncháng]	비정상적이다
繁华	[fánhuá]	번화하다
繁忙	[fánmáng]	일이 많고 바쁘다
非法	[fēifǎ]	불법적인
肥沃	[féiwò]	비옥하다
封建	[fēngjiàn]	봉건적인
锋利	[fēnglì]	날카롭다
丰满	[fēngmǎn]	풍만하다
风趣	[fēngqù]	유머러스하다
丰盛	[fēngshèng]	(음식 등이) 풍성하다
分明	[fēnmíng]	명확하다
愤怒	[fènnù]	분노하다

6급

☐	分歧	[fēnqí]	불일치하다, 어긋나다
☐	分散	[fēnsàn]	분산하다, 흩어지다
☐	粉碎	[fěnsuì]	산산조각나다
☐	副	[fù]	제2의, 보조의
☐	富裕	[fùyù]	부유하다
☐	辅助	[fǔzhù]	보조적인, 부차적인
☐	尴尬	[gāngà]	입장이 곤란하다
☐	干旱	[gānhàn]	가뭄, 한발
☐	高超	[gāochāo]	출중하다, 뛰어나다
☐	高明	[gāomíng]	고명하다
☐	高尚	[gāoshàng]	도덕적으로 고결하다
☐	公道	[gōngdao]	공평하다
☐	巩固	[gǒnggù]	견고하다
☐	恭敬	[gōngjìng]	공손하다, 정중하다
☐	公正	[gōngzhèng]	공정하다
☐	广阔	[guǎngkuò]	넓다, 광활하다
☐	光荣	[guāngróng]	영광스럽다
☐	孤独	[gūdú]	고독하다, 외롭다
☐	古怪	[gǔguài]	괴상하다, 괴이하다
☐	过度	[guòdù]	과도하다, 지나치다

check! 1☐ 2☐ 3☐ 4☐ 5☐

☐	果断	[guǒduàn]	과단성이 있다
☐	过瘾	[guòyǐn]	짜릿하다, 끝내주다
☐	固有	[gùyǒu]	고유의
☐	固执	[gùzhí]	완고하다
☐	航空	[hángkōng]	항공의
☐	航天	[hángtiān]	우주 비행의
☐	含糊	[hánhu]	모호하다, 애매하다
☐	罕见	[hǎnjiàn]	보기 드물다
☐	豪迈	[háomài]	용감하고 아량이 있다
☐	和蔼	[hé'ǎi]	상냥하다, 사근사근하다
☐	和睦	[hémù]	화목하다, 사이가 좋다
☐	横	[héng]	가로의, 횡의
☐	狠心	[hěnxīn]	모질다, 잔인하다
☐	和气	[héqi]	(태도가) 온화하다
☐	和谐	[héxié]	잘 어울리다, 잘 맞다
☐	宏观	[hóngguān]	(자연 과학에서) 거시적
☐	宏伟	[hóngwěi]	웅장하다, 장엄하다
☐	华丽	[huálì]	화려하다
☐	荒凉	[huāngliáng]	황량하다, 쓸쓸하다
☐	荒谬	[huāngmiù]	엉터리이다, 터무니없다

6급

荒唐	[huāngtáng]	황당하다, 터무니없다
缓和	[huǎnhé]	(상황 등이) 느슨해지다
欢乐	[huānlè]	즐겁다, 유쾌하다
辉煌	[huīhuáng]	휘황찬란하다, 눈부시다
混乱	[hùnluàn]	혼란하다, 문란하다
混浊	[hùnzhuó]	혼탁하다
家常	[jiācháng]	평상의, 보통의, 일상의
坚定	[jiāndìng]	확고부동하다
尖端	[jiānduān]	첨단의
坚固	[jiāngù]	견고하다
僵硬	[jiāngyìng]	(사지가) 뻣뻣하다
间接	[jiànjiē]	간접적인
简陋	[jiǎnlòu]	초라하다, 허술하다
艰难	[jiānnán]	곤란하다
健全	[jiànquán]	건강하고 온전하다
坚韧	[jiānrèn]	단단하고 질기다
尖锐	[jiānruì]	날카롭다, 예리하다
坚实	[jiānshí]	견실하다
简要	[jiǎnyào]	간결하고 핵심을 찌르는
坚硬	[jiānyìng]	단단하다

☐	**焦急**	[jiāojí]	초조하다
☐	**娇气**	[jiāoqì]	여리다, 유약하다
☐	**侥幸**	[jiǎoxìng]	요행하다
☐	**机动**	[jīdòng]	발동기로 움직이는
☐	**饥饿**	[jī'è]	배고프다, 굶주리다
☐	**杰出**	[jiéchū]	걸출한, 남보다 뛰어난
☐	**寂静**	[jìjìng]	조용하다, 고요하다
☐	**机灵**	[jīling]	영리하다, 똑똑하다
☐	**精密**	[jīngmì]	정밀하다
☐	**惊奇**	[jīngqí]	놀라며 의아해하다
☐	**精确**	[jīngquè]	정확하다
☐	**精心**	[jīngxīn]	정성을 들이다
☐	**惊讶**	[jīngyà]	의아스럽다
☐	**精致**	[jīngzhì]	정교하고 치밀하다
☐	**紧迫**	[jǐnpò]	급박하다
☐	**急切**	[jíqiè]	절박하다, 다급하다
☐	**吉祥**	[jíxiáng]	상서롭다, 길하다
☐	**急躁**	[jízào]	조바심내다
☐	**机智**	[jīzhì]	기지가 넘치다
☐	**倔强**	[juéjiàng]	(성격이) 강하고 고집이 세다

6급

☐	鞠躬	[jūgōng]	몹시 조심하는
☐	剧烈	[jùliè]	극렬하다, 격렬하다
☐	沮丧	[jǔsàng]	낙담하다, 풀이 죽다
☐	开阔	[kāikuò]	넓다, 광활하다
☐	开朗	[kāilǎng]	(생각이) 트이다, (성격이) 명랑하다
☐	开明	[kāimíng]	(생각이) 깨어 있다
☐	慷慨	[kāngkǎi]	후하게 대하다
☐	可观	[kěguān]	대단하다, 굉장하다
☐	可口	[kěkǒu]	맛있다, 입에 맞다
☐	恳切	[kěnqiè]	간절하다
☐	可恶	[kěwù]	밉다, 밉살스럽다
☐	恐怖	[kǒngbù]	공포를 느끼다
☐	空洞	[kōngdòng]	내용이 없다
☐	空虚	[kōngxū]	공허하다, 텅 비다
☐	快活	[kuàihuo]	즐겁다, 유쾌하다
☐	宽敞	[kuānchang]	넓다, 드넓다
☐	宽容	[kuānróng]	너그럽다, 포용력이 있다
☐	苦涩	[kǔsè]	씁쓸하고 떫다
☐	枯燥	[kūzào]	무미건조하다, 지루하다

☐	懒惰	[lǎnduò]	게으르다, 나태하다
☐	牢固	[láogù]	견고하다
☐	类似	[lèisì]	유사하다, 비슷하다
☐	冷酷	[lěngkù]	냉혹하다, 잔인하다
☐	冷落	[lěngluò]	쓸쓸하다, 한산하다
☐	廉洁	[liánjié]	청렴결백하다
☐	连锁	[liánsuǒ]	쇠사슬처럼 연결되다
☐	辽阔	[liáokuò]	아득히 멀고 광활하다
☐	利害	[lìhai]	무섭다, 사납다
☐	伶俐	[línglì]	영리하다
☐	灵敏	[língmǐn]	영민하다, 민감하다
☐	零星	[língxīng]	자질구레하다
☐	吝啬	[lìnsè]	인색하다, 쩨쩨하다
☐	流通	[liútōng]	잘 소통되다
☐	聋哑	[lóngyǎ]	귀가 먹고 말도 못하다
☐	隆重	[lóngzhòng]	성대하다
☐	啰唆	[luōsuo]	말이 많다, 수다스럽다
☐	麻木	[mámù]	마비되다, 저리다
☐	漫长	[màncháng]	멀다, 길다
☐	茫茫	[mángmáng]	아득하다, 망망하다

6급

盲目	[mángmù]	맹목적(인)
茫然	[mángrán]	막연하다
慢性	[mànxìng]	만성의
茂盛	[màoshèng]	(식물이) 우거지다
美观	[měiguān]	(형식 등이) 보기 좋다
美满	[měimǎn]	아름답고 원만하다
美妙	[měimiào]	아름답다, 더없이 좋다
猛烈	[měngliè]	맹렬하다, 세차다
勉强	[miǎnqiǎng]	간신히 ~하다
渺小	[miǎoxiǎo]	매우 작다
明智	[míngzhì]	총명하다
敏捷	[mǐnjié]	민첩하다
敏锐	[mǐnruì]	예민하다, 예리하다
耐用	[nàiyòng]	질기다, 오래가다
难得	[nándé]	얻기 어렵다
难堪	[nánkān]	난감하다, 난처하다
拿手	[náshǒu]	(어떤 기술에) 뛰어나다
内在	[nèizài]	내재적인, 내재하는
浓厚	[nónghòu]	(안개 등이) 짙다
庞大	[pángdà]	매우 크다, 방대하다

☐	**偏僻**	[piānpì]	외지다, 구석지다
☐	**疲惫**	[píbèi]	대단히 피곤하다
☐	**疲倦**	[píjuàn]	피곤하다, 지치다
☐	**贫乏**	[pínfá]	빈궁하다, 가난하다
☐	**频繁**	[pínfán]	잦다, 빈번하다
☐	**平凡**	[píngfán]	평범하다, 보통이다
☐	**平坦**	[píngtǎn]	평평하다
☐	**平行**	[píngxíng]	동시의
☐	**平庸**	[píngyōng]	평범하다, 보통이다
☐	**贫困**	[pínkùn]	빈곤하다, 곤궁하다
☐	**朴实**	[pǔshí]	소박하다, 꾸밈이 없다
☐	**朴素**	[pǔsù]	소박하다, 화려하지 않다
☐	**恰当**	[qiàdàng]	알맞다, 타당하다
☐	**谦逊**	[qiānxùn]	겸손하다
☐	**翘**	[qiáo]	휘다, 뒤틀리다
☐	**切实**	[qièshí]	실용적이다
☐	**凄凉**	[qīliáng]	처량하다, 애처롭다
☐	**起码**	[qǐmǎ]	최소한의
☐	**奇妙**	[qímiào]	기묘하다, 신기하다
☐	**清澈**	[qīngchè]	맑고 투명하다

6급

☐	清洁	[qīngjié]	깨끗하다, 청결하다
☐	晴朗	[qínglǎng]	쾌청하다
☐	清晰	[qīngxī]	또렷하다
☐	倾斜	[qīngxié]	기울다, 경사지다
☐	清醒	[qīngxǐng]	(정신이) 맑다, 또렷하다
☐	清真	[qīngzhēn]	산뜻하고 질박하다
☐	勤俭	[qínjiǎn]	근검하다
☐	亲密	[qīnmì]	관계가 좋다, 친밀하다
☐	亲热	[qīnrè]	친밀하고 다정스럽다
☐	齐全	[qíquán]	완비하다
☐	确切	[quèqiè]	확실하다
☐	曲折	[qūzhé]	굽다, 구불구불하다
☐	仁慈	[réncí]	인자하다
☐	人工	[réngōng]	인공의
☐	人为	[rénwéi]	인위적인
☐	任性	[rènxìng]	제멋대로 하다
☐	任意	[rènyì]	조건 없는, 임의의
☐	融洽	[róngqià]	사이가 좋다
☐	荣幸	[róngxìng]	매우 영광스럽다
☐	柔和	[róuhé]	연하고 부드럽다

☐	**奢侈**	[shēchǐ]	사치하다, 낭비하다
☐	**深奥**	[shēn'ào]	심오하다, 깊다
☐	**深沉**	[shēnchén]	내색하지 않다
☐	**盛**	[shèng]	흥성하다
☐	**生疏**	[shēngshū]	생소하다, 낯설다
☐	**神奇**	[shénqí]	신기하다
☐	**神圣**	[shénshèng]	신성하다
☐	**慎重**	[shènzhòng]	신중하다
☐	**适宜**	[shìyí]	알맞다
☐	**十足**	[shízú]	충분하다, 충족하다
☐	**首要**	[shǒuyào]	가장 중요하다
☐	**竖**	[shù]	수직의
☐	**衰老**	[shuāilǎo]	노쇠하다
☐	**爽快**	[shuǎngkuai]	시원시원하다
☐	**舒畅**	[shūchàng]	상쾌하다, 유쾌하다
☐	**疏远**	[shūyuǎn]	소원하다, 멀다
☐	**斯文**	[sīwen]	우아하다, 고상하다
☐	**坦白**	[tǎnbái]	담백하다, 솔직하다
☐	**贪婪**	[tānlán]	매우 탐욕스럽다
☐	**踏实**	[tāshi]	마음이 놓이다

6급

☐	特定	[tèdìng]	특정한
☐	天生	[tiānshēng]	타고난, 선천적인
☐	挺拔	[tǐngbá]	우뚝하다, 늘씬하다
☐	通俗	[tōngsú]	통속적이다
☐	投机	[tóujī]	배짱이 맞다
☐	秃	[tū]	머리카락이 없다
☐	吞吞吐吐	[tūntūntǔtǔ]	(말을) 얼버무리다
☐	妥当	[tuǒdang]	타당하다, 알맞다
☐	妥善	[tuǒshàn]	나무랄 데 없다
☐	外行	[wàiháng]	문외한이다
☐	外向	[wàixiàng]	외향적이다
☐	完备	[wánbèi]	완비되어 있다
☐	顽固	[wángù]	완고하다
☐	顽强	[wánqiáng]	완강하다
☐	蔚蓝	[wèilán]	짙푸른, 쪽빛의
☐	为难	[wéinán]	난처하다, 난감하다
☐	温和	[wēnhé]	따뜻하다, 온난하다
☐	文雅	[wényǎ]	품위가 있다, 점잖다
☐	无比	[wúbǐ]	더 비할 바가 없다
☐	无偿	[wúcháng]	무상의, 보수가 없는

☐	无耻	[wúchǐ]	염치없다, 뻔뻔스럽다
☐	无辜	[wúgū]	무고하다, 죄가 없다
☐	乌黑	[wūhēi]	새까맣다, 깜깜하다
☐	无赖	[wúlài]	무뢰하다, 막돼먹다
☐	无知	[wúzhī]	무지하다, 아는 것이 없다
☐	狭隘	[xiá'ài]	좁다
☐	现成	[xiànchéng]	원래부터 있는
☐	响亮	[xiǎngliàng]	(소리가) 크고 맑다, 우렁차다
☐	贤惠	[xiánhuì]	어질고 총명하다
☐	先进	[xiānjìn]	선진의, 남보다 앞선
☐	鲜明	[xiānmíng]	분명하다, 뚜렷하다
☐	显著	[xiǎnzhù]	현저하다, 뚜렷하다
☐	潇洒	[xiāosǎ]	멋스럽다, 말쑥하다
☐	狭窄	[xiázhǎi]	비좁다, 협소하다
☐	协调	[xiétiáo]	어울리다, 조화롭다
☐	腥	[xīng]	비린내가 나다
☐	性感	[xìnggǎn]	섹시하다, 야하다
☐	兴隆	[xīnglóng]	흥성하다, 번창하다
☐	兴旺	[xīngwàng]	번창하다, 왕성하다

6급

☐	辛勤	[xīnqín]	부지런하다, 근면하다
☐	欣慰	[xīnwèi]	기쁘고 안심이 되다
☐	新颖	[xīnyǐng]	새롭다, 신선하다
☐	凶恶	[xiōng'è]	흉악하다
☐	雄厚	[xiónghòu]	풍부하다, 충족하다
☐	雄伟	[xióngwěi]	웅대하고 위세가 넘치다
☐	汹涌	[xiōngyǒng]	물이 용솟음치다
☐	羞耻	[xiūchǐ]	수줍다, 부끄럽다
☐	喜悦	[xǐyuè]	기쁘다, 즐겁다
☐	细致	[xìzhì]	정교하다, 세밀하다
☐	喧哗	[xuānhuá]	떠들썩하다
☐	悬殊	[xuánshū]	차이가 크다
☐	虚假	[xūjiǎ]	거짓의, 허위의
☐	虚伪	[xūwěi]	허위의, 모조의
☐	严寒	[yánhán]	아주 춥다
☐	严峻	[yánjùn]	중대하다, 심각하다
☐	严厉	[yánlì]	호되다, 매섭다
☐	严密	[yánmì]	빈틈없다, 치밀하다
☐	炎热	[yánrè]	(날씨가) 무덥다
☐	耀眼	[yàoyǎn]	눈부시다

☐	遥远	[yáoyuǎn]	아득히 멀다, 까마득하다
☐	压抑	[yāyì]	답답하다
☐	野蛮	[yěmán]	야만적이다
☐	异常	[yìcháng]	심상치 않다
☐	一贯	[yíguàn]	한결같다, 일관되다
☐	一流	[yīliú]	같은 부류의
☐	英明	[yīngmíng]	영명하다
☐	英勇	[yīngyǒng]	매우 용감하다
☐	隐约	[yǐnyuē]	희미하다, 흐릿하다
☐	永恒	[yǒnghéng]	영원하다
☐	庸俗	[yōngsú]	졸렬하고 속되다
☐	油腻	[yóunì]	기름지다, 느끼하다
☐	优异	[yōuyì]	특출하다
☐	忧郁	[yōuyù]	우울하다
☐	优越	[yōuyuè]	우월하다
☐	幼稚	[yòuzhì]	유치하다
☐	圆满	[yuánmǎn]	원만하다
☐	原始	[yuánshǐ]	원시의
☐	冤枉	[yuānwang]	억울하다
☐	愚蠢	[yúchǔn]	어리석다, 우둔하다

6급

☐	愚昧	[yúmèi]	우매하다
☐	崭新	[zhǎnxīn]	참신하다
☐	扎实	[zhāshi]	견실하다
☐	折	[zhé]	굽다, 구불구불하다
☐	镇定	[zhèndìng]	침착하다
☐	振奋	[zhènfèn]	분발하다
☐	正规	[zhèngguī]	정규의
☐	正经	[zhèngjing]	정직하다
☐	珍贵	[zhēnguì]	진귀하다
☐	郑重	[zhèngzhòng]	정중하다
☐	正宗	[zhèngzōng]	정통의, 진정한
☐	震惊	[zhènjīng]	깜짝 놀라게 하다
☐	镇静	[zhènjìng]	냉정하다
☐	珍稀	[zhēnxī]	진귀하고 드물다
☐	真挚	[zhēnzhì]	성실한, 참된
☐	执着	[zhízhuó]	집착하다
☐	忠诚	[zhōngchéng]	충성하다
☐	忠实	[zhōngshí]	충실하다
☐	衷心	[zhōngxīn]	충심의
☐	周密	[zhōumì]	주도면밀하다, 꼼꼼하다

☐	**壮丽**	[zhuànglì]	웅장하고 아름답다
☐	**壮烈**	[zhuàngliè]	장렬하다
☐	**庄严**	[zhuāngyán]	장엄하다, 장중하고 엄숙하다
☐	**庄重**	[zhuāngzhòng]	장중하다, 위엄이 있다
☐	**主导**	[zhǔdǎo]	주도의
☐	**卓越**	[zhuóyuè]	탁월하다, 출중하다
☐	**自卑**	[zìbēi]	스스로 열등하다
☐	**自发**	[zìfā]	자발적인
☐	**自满**	[zìmǎn]	자만하다
☐	**滋润**	[zīrùn]	촉촉(축축)하다
☐	**资深**	[zīshēn]	경력이 오랜, 베테랑의
☐	**尊严**	[zūnyán]	존엄하다

6급 부사 副词

甭	[béng]	~할 필요 없다, ~하지 마라
本能	[běnnéng]	본능적으로
不妨	[bùfáng]	(~하는 것도) 괜찮다, 무방하다
不禁	[bùjīn]	자기도 모르게, 절로
不料	[búliào]	뜻밖에, 의외에
不时	[bùshí]	자주, 늘, 종종
不由得	[bùyóude]	저절로, 자연히, 저도 모르게
敞开	[chǎngkāi]	한껏, 마음대로, 마음껏, 실컷
成心	[chéngxīn]	고의로, 일부러
当场	[dāngchǎng]	당장, 그 자리에서
当面	[dāngmiàn]	직접 마주하여
大肆	[dàsì]	제멋대로, 함부로
大体	[dàtǐ]	대체로, 대략
大致	[dàzhì]	대개, 대략, 아마
顿时	[dùnshí]	갑자기, 곧바로
凡是	[fánshì]	대강, 대체로, 무릇
公然	[gōngrán]	공개적으로, 공공연히

□	过于	[guòyú]	지나치게, 과도하게
□	姑且	[gūqiě]	잠시, 잠깐
□	胡乱	[húluàn]	함부로, 멋대로
□	皆	[jiē]	모두, 전부, 다
□	接连	[jiēlián]	연거푸, 연이어, 잇달아
□	即将	[jíjiāng]	곧, 머지않아
□	急剧	[jíjù]	급격하게, 급속히
□	就近	[jiùjìn]	가까운 곳에, 근방에
□	及早	[jízǎo]	미리, 일찌감치
□	连年	[liánnián]	여러 해 계속, 해마다
□	历来	[lìlái]	줄곧, 항상, 언제나
□	屡次	[lǚcì]	여러 번, 누차
□	明明	[míngmíng]	분명히, 명백히
□	默默	[mòmò]	묵묵히, 말없이
□	宁肯	[nìngkěn]	차라리 ~할지언정
□	宁愿	[nìngyuàn]	설령 ~할지라도
□	偏偏	[piānpiān]	기어코, 일부러
□	颇	[pō]	꽤, 상당히, 자못
□	恰巧	[qiàqiǎo]	때마침, 공교롭게도
□	仍旧	[réngjiù]	여전히, 변함없이

	日益	[rìyì]	날로, 나날이 더욱
☐	势必	[shìbì]	반드시, 꼭, 필연코
☐	时常	[shícháng]	늘, 자주, 항상
☐	时而	[shí'ér]	때때로, 이따금
☐	私自	[sīzì]	비밀리에, 사적으로
☐	随即	[suíjí]	바로, 즉각, 즉시
☐	随意	[suíyì]	마음대로, 뜻대로
☐	索性	[suǒxìng]	차라리, 아예
☐	特意	[tèyì]	특별히, 일부러
☐	统统	[tǒngtǒng]	전부, 모두, 다
☐	万分	[wànfēn]	대단히, 극히, 매우
☐	唯独	[wéidú]	오직, 홀로, 유독
☐	未免	[wèimiǎn]	꼭 ~하게 되다
☐	务必	[wùbì]	반드시, 꼭, 기필코
☐	无非	[wúfēi]	단지, 단지 ~에 불과하다
☐	向来	[xiànglái]	본래부터, 줄곧
☐	要命	[yàomìng]	엄청, 아주, 몹시
☐	亦	[yì]	~도 역시, 또, 또한
☐	一度	[yídù]	한때, 한동안
☐	毅然	[yìrán]	의연히, 결연히

check! 1☐ 2☐ 3☐ 4☐ 5☐

☐ **一向**	[yíxiàng]	줄곧, 내내
☐ **预先**	[yùxiān]	사전에, 미리
☐ **暂且**	[zànqiě]	잠시, 잠깐
☐ **终究**	[zhōngjiū]	결국, 필경, 어쨌든
☐ **专程**	[zhuānchéng]	특별히, 일부러 ~에 가다
☐ **逐年**	[zhúnián]	해마다

6급 기타 其他

양사

拨	[bō]	무리, 조, 떼
串	[chuàn]	꿰미, 송이, 줄 (꿴 물건을 세는 단위)
吊	[diào]	1,000전 (옛날의 화폐 단위)
栋	[dòng]	동, 채 (건물을 세는 단위)
番	[fān]	회, 차례, 번 (동작의 횟수를 세는 단위)
副	[fù]	켤레, 쌍, 짝 (쌍이나 짝으로 된 물건을 세는 단위)
疙瘩	[gēda]	덩이, 덩어리, 뭉치
毫米	[háomǐ]	밀리미터(mm)
煎	[jiān]	한약을 달이는 데 세는 단위
茎	[jīng]	가닥, 오리, 대
卷	[juǎn]	권, 통, 두루마리 (두루마리로 된 것을 세는 단위)
孔	[kǒng]	동굴·유정 등을 세는 단위
扣	[kòu]	(나사산의) 바퀴
粒	[lì]	알, 톨, 발

check! 1☐ 2☐ 3☐ 4☐ 5☐

☐	**搂**	[lǒu]	아름
☐	**迈**	[mài]	마일(mile)
☐	**枚**	[méi]	매, 장 (주로 비교적 작은 조각으로 된 사물을 세는 단위)
☐	**捧**	[pěng]	움큼 (두 손으로 받쳐 들거나 움켜 뜰 수 있는 것에 쓰임)
☐	**撇**	[piě]	삐침(丿)모양의 물건을 세는 단위
☐	**铺**	[pū]	炕(온돌)을 세는 단위
☐	**掐**	[qiā]	움큼, 다발, 조금
☐	**人工**	[réngōng]	(작업량의 계산 단위로) 한 사람의 하루 작업량, 인력
☐	**哨**	[shào]	(주로 군대의) 대, 대오
☐	**摄氏度**	[Shèshìdù]	섭씨(온도), (℃로 표기)
☐	**束**	[shù]	묶음, 다발, 단
☐	**艘**	[sōu]	척 (선박을 헤아릴 때)
☐	**摊**	[tān]	웅덩이, 무더기
☐	**丸**	[wán]	알, 환 (환약을 세는 단위)
☐	**窝**	[wō]	배 (가축이 한 배에 낳은 것, 또는 한 번에 부화한 것)
☐	**枝**	[zhī]	송이
☐	**株**	[zhū]	그루

6급

	幢	[zhuàng]	동, 채 (건물을 세는 단위)

개사

	除	[chú]	~을(를) 제외하고, ~이외에
	溜	[liū]	~을 따라
	劈	[pī]	정면으로 향하여
	正当	[zhèngdāng]	곧(막) ~에 있다

접속사

	比方	[bǐfang]	예컨대, 예를 들어
	反之	[fǎnzhī]	바꾸어서 말하면
	固然	[gùrán]	물론 ~하(이)지만
	即便	[jíbiàn]	설령 ~하더라도
	进而	[jìn'ér]	더 나아가, 진일보하여
	况且	[kuàngqiě]	게다가, 더구나, 하물며
	连同	[liántóng]	~과 함께, ~과 같이
	免得	[miǎnde]	~하지 않도록, ~않기 위해서
	尚且	[shàngqiě]	~조차 ~한데, 그럼에도 불구하고
	倘若	[tǎngruò]	만일 ~한다면

check! 1□ 2□ 3□ 4□ 5□

	以便	[yǐbiàn]	~(하기에 편리)하도록, ~하기 위하여
□	以免	[yǐmiǎn]	~하지 않도록, ~않기 위해서
□	以致	[yǐzhì]	~이(가) 되다, ~을(를) 초래하다
□	以至	[yǐzhì]	~까지, ~에 이르기까지

수사

□	拾	[shí]	10, 열, 十의 갖은자

대명사

□	大伙儿	[dàhuǒr]	모두들, 모든 사람
□	人家	[rénjiā]	남, 타인
□	若干	[ruògān]	약간, 조금, 소량
□	啥	[shá]	무엇, 무슨, 어느, 어떤
□	咋	[zǎ]	어째서, 어떻게, 왜
□	诸位	[zhūwèi]	제위, 여러분

감탄사

□	嗨	[hāi]	(남을 부르거나 주의를 환기시킴을 나타내어) 어이! 이봐!

| 嘿 | [hēi] | (득의함이나 찬탄을 나타내어) 야! 이봐! |
| 哦 | [ó] | (놀람·반신반의를 나타내어) 어! 어머! 어허! |

조사

而已	[éryǐ]	~뿐이다
啦	[la]	了(le)와 啊(a)의 합음사로 양자의 의미를 겸유함
嘛	[ma]	서술문 뒤에 쓰여 당연함을 나타냄
哇	[wā]	啊(a)가 u·ao·ou로 끝나는 앞 음절로 발음이 변하면서 다르게 쓴 것

의성어·의태어

嗨	[hāi]	가사 중에 의미 없이 쓰이는 글자
呵	[hē]	(웃음소리) 하하, 허허
嘿	[hēi]	웃음소리를 나타내며, 주로 중첩해서 씀
哼	[hēng]	(콧속에서 나오는 소리) 힝, 흥
哄	[hōng]	(여럿이 한데 모여 동시에 크게 웃거나 떠드는 소리) 와, 왁자지껄, 와글와글
哇	[wā]	(구토나 울음소리) 왝왝, 앙앙, 엉엉

☐	爱不释手	[àibúshìshǒu] 너무나 좋아하여 차마 손에서 떼어 놓지 못하다
☐	拔苗助长	[bámiáozhùzhǎng] 일을 급하게 이루려고 하다가 도리어 일을 그르치다
☐	半途而废	[bàntú'érfèi] 일을 중도에 그만두다
☐	饱经沧桑	[bǎojīngcāngsāng] 세상만사의 변화를 실컷 경험하다
☐	博大精深	[bódàjīngshēn] 사상 · 학식이 넓고 심오하다
☐	不屑一顾	[bù xiè yī gù] 한 번 돌아볼 필요도 없다, 일고의 가치도 없다
☐	不敢当	[bùgǎndāng] (상대방의 칭찬이나 초대에 대해) 황송합니다
☐	不可思议	[bùkěsīyì] 불가사의하다
☐	不相上下	[bùxiāngshàngxià] 우열을 가릴 수 없다, 막상막하
☐	不屑一顾	[búxièyígù] 거들떠볼 가치도 없다
☐	不言而喻	[bùyán'éryù] 말하지 않아도 안다, 말할 필요도 없다

☐	**不择手段**	[bùzéshǒuduàn] 목적을 달성하기 위해 수단 방법을 가리지 않다
☐	**层出不穷**	[céngchūbùqióng] 끊임없이 나타나다, 꼬리를 물고 나타나다
☐	**称心如意**	[chènxīnrúyì] 마음에 꼭 들다, 자기 마음에 완전히 부합되다
☐	**川流不息**	[chuānliúbùxī] (행인·차량 등이) 냇물처럼 끊임없이 오가다
☐	**打官司**	[dǎguānsi] 소송하다, 고소하다
☐	**当务之急**	[dāngwùzhījí] 당장 급히 처리해야 하는 일, 급선무
☐	**得不偿失**	[débùchángshī] 얻는 것보다 잃는 것이 더 많다
☐	**得天独厚**	[détiāndúhòu] 우월한 자연 조건을 갖고 있다
☐	**丢三落四**	[diūsānlàsì] 흐리멍덩하다, 이것저것 빠뜨리다
☐	**东张西望**	[dōngzhāngxīwàng] 여기저기 두리번거리다
☐	**废寝忘食**	[fèiqǐnwàngshí] 침식을 잊다
☐	**根深蒂固**	[gēnshēndìgù] 기초가 튼튼하여 쉽게 흔들리지 않다

☐	**各抒己见**	[gèshūjǐjiàn] 각자 자기의 의견을 발표하다
☐	**供不应求**	[gōngbùyìngqiú] 공급이 수요를 따르지 못하다
☐	**归根到底**	[guīgēndàodǐ] 근본으로 돌아가다
☐	**后顾之忧**	[hòugùzhīyōu] 뒷걱정, 뒷근심
☐	**恍然大悟**	[huǎngrándàwù] 문득 모든 것을 깨치다
☐	**画蛇添足**	[huàshétiānzú] 뱀을 그리는 데 다리를 그려 넣다
☐	**见多识广**	[jiànduōshíguǎng] 보고 들은 것이 많고 식견도 넓다
☐	**见义勇为**	[jiànyìyǒngwéi] 정의로운 일을 보고 용감하게 뛰어들다
☐	**家喻户晓**	[jiāyùhùxiǎo] 집집마다 다 알다
☐	**竭尽全力**	[jiéjìnquánlì] 모든 힘을 다 기울이다
☐	**急功近利**	[jígōngjìnlì] 조급한 성공과 눈앞의 이익에만 급급하다
☐	**精打细算**	[jīngdǎxìsuàn] 세밀하게 계산하다, 면밀하게 계획하다

	兢兢业业	[jīngjīngyèyè] 신중하고 조심스럽게 맡은 일을 부지런하고 성실하게 하다
□	精益求精	[jīngyìqiújīng] 훌륭하지만 더욱 더 완벽을 추구하다
□	津津有味	[jīnjīnyǒuwèi] 흥미진진하다
□	锦上添花	[jǐnshàngtiānhuā] 아름다운 비단 위에 꽃을 수놓다, 금상첨화
□	急于求成	[jíyúqiúchéng] 객관적인 조건을 무시하고, 서둘러 목적을 달성하려 하다
□	聚精会神	[jùjīnghuìshén] 정신을 집중하다, 전심하다
□	举世瞩目	[jǔshìzhǔmù] 전세계 사람들이 주목하다
□	举足轻重	[jǔzúqīngzhòng] 실력자가 두 강자 사이에서 한쪽으로 조금만 치우쳐도 세력의 균형이 깨진다
□	侃侃而谈	[kǎnkǎn'értán] 당당하고 차분하게 말하다
□	刻不容缓	[kèbùrónghuǎn] 일각도 지체할 수 없다
□	空前绝后	[kōngqiánjuéhòu] 전무후무하다, 이전에도 없었고 앞으로도 없다

☐	苦尽甘来	[kǔjìngānlái] 고진감래, 고생끝에 낙이 온다
☐	狼吞虎咽	[lángtūnhǔyàn] 게걸스럽게 먹다, 마파람에 게눈 감추듯 하다
☐	礼尚往来	[lǐshàngwǎnglái] 예는 서로 왕래하며 교제하는 것을 귀히 여긴다
☐	理所当然	[lǐsuǒdāngrán] 도리로 보아 당연하다, 당연히 그렇다
☐	力所能及	[lìsuǒnéngjí] 자기 능력으로 해낼 수 있다, 힘이 닿는 데까지
☐	理直气壮	[lǐzhíqìzhuàng] 이유가 충분하여 하는 말이(태도가) 당당하다
☐	络绎不绝	[luòyìbùjué] 왕래가 빈번해 끊이지 않다
☐	名副其实	[míngfùqíshí] 명성과 실상이 서로 부합되다, 명실상부하다
☐	莫名其妙	[mòmíngqímiào] 영문을 알 수 없다, 어리둥절하게 하다
☐	纳闷儿	[nàmèner] 답답하다, 속이 터진다
☐	难能可贵	[nánnéngkěguì] 쉽지 않은 일을 해내어 대견스럽다

☐	**南辕北辙**	[nányuánběizhé] 속으로는 남쪽으로 가려 하면서 수레는 도리어 북쪽으로 몰다
☐	**迫不及待**	[pòbùjídài] 일각도 지체할 수 없다, 잠시도 늦출 수 없다
☐	**恰到好处**	[qiàdàohǎochù] (말·행동 등이) 꼭 들어맞다, 아주 적절하다
☐	**千方百计**	[qiānfāngbǎijì] 갖은 방법을 다 써 보다
☐	**潜移默化**	[qiányímòhuà] 한 사람의 사상이나 성격 등이 어떤 영향으로 부지불식간에 변화가 생기다, 무의식중에 감화되다
☐	**锲而不舍**	[qiè'érbùshě] 중도에 그만두지 않고 끝까지 조각하다
☐	**迄今为止**	[qìjīnwéizhǐ] (이전 어느 시점부터) 지금에 이르기까지
☐	**齐心协力**	[qíxīnxiélì] 한마음 한뜻으로 함께 노력하다
☐	**岂有此理**	[qǐyǒucǐlǐ] 어찌 이럴 수가 있단 말인가?
☐	**全力以赴**	[quánlìyǐfù] 전력투구하다, 최선을 다하다
☐	**热泪盈眶**	[rèlèiyíngkuàng] 뜨거운 눈물이 눈에 그렁그렁하다

check! 1□ 2□ 3□ 4□ 5□

□	**任重道远**	[rènzhòngdàoyuǎn] 맡은 바 책임은 무겁고, 갈 길은 멀기만 하다
□	**日新月异**	[rìxīnyuèyì] 나날이 새로워지다
□	**伤脑筋**	[shāngnǎojīn] 골치를 앓다, 골머리를 썩이다
□	**实事求是**	[shíshìqiúshì] 실사구시, 사실에 토대로 하여 진리를 탐구하다
□	**肆无忌惮**	[sìwújìdàn] 제멋대로 굴고 전혀 거리낌이 없다
□	**滔滔不绝**	[tāotāobùjué] 끊임없이 계속되다, 말이 끝이 없다, 쉴새없이 말하다
□	**天伦之乐**	[tiānlúnzhīlè] 가족이 누리는 단란함(즐거움)
□	**统筹兼顾**	[tǒngchóujiāngù] 여러 방면의 일을 통일적으로 계획하고 두루 돌보다
□	**微不足道**	[wēibùzúdào] 하찮아서 말할 가치도 없다
□	**无动于衷**	[wúdòngyúzhōng] (마음속에) 아무런 느낌이 없다
□	**无精打采**	[wújīngdǎcǎi] 풀이 죽다

기타

☐	**无理取闹**	[wúlǐqǔnào] 아무런 까닭 없이 남과 다투다
☐	**物美价廉**	[wùměijiàlián] 상품의 질이 좋고 값도 저렴하다
☐	**无能为力**	[wúnéngwéilì] 힘을 제대로 쓰지 못하다, 능력이 없다
☐	**无穷无尽**	[wúqióngwújìn] 무궁무진하다, 무진장하다
☐	**无微不至**	[wúwēibúzhì] 사소한 데까지 신경을 쓰다
☐	**无忧无虑**	[wúyōuwúlǜ] 아무런 근심이 없다
☐	**想方设法**	[xiǎngfāngshèfǎ] 온갖 방법을 다 생각하다
☐	**相辅相成**	[xiāngfǔxiāngchéng] 서로 보완하고 도와서 일을 완성하다
☐	**小心翼翼**	[xiǎoxīnyìyì] 엄숙하고 경건하다
☐	**心甘情愿**	[xīngānqíngyuàn] 내심 만족해하며 달가워하다
☐	**兴高采烈**	[xìnggāocǎiliè] 매우 기쁘다, 신바람이 나다
☐	**兴致勃勃**	[xìngzhìbóbó] 흥미진진하다

☐	欣欣向荣	[xīnxīnxiàngróng] (초목이) 무성하다, 무럭무럭 자라다
☐	喜闻乐见	[xǐwénlèjiàn] 기쁜 마음으로 듣고 보다, 즐겨 듣고 즐겨 보다
☐	悬崖峭壁	[xuányáqiàobì] 깎아지른 듯한 절벽
☐	雪上加霜	[xuěshàngjiāshuāng] 설상가상, 눈 위에 서리가 내리다
☐	循序渐进	[xúnxùjiànjìn] 순차적으로 진행하다
☐	鸦雀无声	[yāquèwúshēng] 까마귀와 참새 소리마저도 없다
☐	一帆风顺	[yìfānfēngshùn] 순풍에 돛을 올리다
☐	一举两得	[yìjǔliǎngdé] 일거양득, 일석이조
☐	一目了然	[yímùliǎorán] 일목요연하다, 한눈에 환히 알다
☐	一如既往	[yìrújìwǎng] 지난날과 다름없다
☐	一丝不苟	[yìsībùgǒu] (일을 함에 있어서) 조금도 소홀히 하지 않다
☐	优胜劣汰	[yōushèngliètài] 나은 자는 이기고 못한 자는 패하다

	有条不紊	[yǒutiáobùwěn] (말·행동이) 조리 있고 질서 정연하다
☐	与日俱增	[yǔrìjùzēng] 날이 갈수록 많아지다, 날로 늘어나다
☐	再接再厉	[zàijiēzàilì] 수탉이 서로 싸울 때, 쪼기 전에 항상 부리를 다듬다
☐	斩钉截铁	[zhǎndīngjiétiě] 맺고 끊다, 언행이 단호하다
☐	朝气蓬勃	[zhāoqìpéngbó] 생기가 넘쳐흐르다, 생기발랄하다, 씩씩하다
☐	争先恐后	[zhēngxiānkǒnghòu] 뒤질세라 앞을 다투다
☐	知足常乐	[zhīzúchánglè] 만족함을 알면 항상 즐겁다
☐	众所周知	[zhòngsuǒzhōuzhī] 모든 사람이 다 알고 있다
☐	自力更生	[zìlìgēngshēng] 자력갱생하다
☐	总而言之	[zǒng'éryánzhī] 총괄적으로 말하면, 결론적으로 말하자면

M E M O

MEMO